D1827032

COLLECTION POÉSIE

PAUL VALÉRY

Poésie perdue

Les poèmes en prose
des *Cahiers*

ÉDITION PRÉSENTÉE, ÉTABLIE
ET ANNOTÉE PAR MICHEL JARRETY

GALLIMARD

PRÉFACE

Lorsque en 1894 Valéry ouvre les Cahiers *qu'il ne cessera de tenir jusqu'à sa mort, dans la solitude de l'aube et le silence du monde, son ambition n'est certes pas d'en faire un lieu de poésie, mais l'espace au contraire d'une réflexion abstraite qui se développera et se reprendra inlassablement, chaque jour, sur près de trente mille pages. Deux ans plus tôt, ce qu'on appelle la Crise de Gênes, l'exaltation d'une nuit d'octobre où il a cru devenir fou, l'a laissé désarmé, et en même temps placé au seuil d'une renaissance — et sans doute de son vrai commencement car il s'agit bien désormais d'être pleinement soi. Désespéré de ne pouvoir atteindre à la perfection admirée de Rimbaud et de Mallarmé, il suspend l'écriture des vers ; bouleversé de ne pouvoir dominer l'asservissement que l'Éros lui impose, il décrète l'amour* chose mentale. *Un nouvel homme naît de l'épreuve, qui choisit de se construire, de renforcer l'exercice et le pouvoir de l'Esprit sur lui-même, de se forger ses propres outils de pensée, et pendant de longues années les* Cahiers *— jusqu'au tournant de 1900 — feront une* place essentielle à la recherche du « Système » : la représentation, selon des modèles scientifiques, des lois de fonctionnement de l'Esprit — et ce fut, pour une part, une sorte d'autothérapie. Œuvre singulière et démesurée, les Cahiers échappent donc au Journal par l'extrême rareté des notations privées, et ne ressortissent pas non plus à l'essai puisque l'écriture ne s'exerce, dans la fragmentation de son mouvement journalier, que par la sollicitation présente d'une pensée qui progresse en spirale, dans la reprise de loin en loin des mêmes questions majeures simplement infléchies, enrichies par leurs déplacements successifs. Le laboratoire d'une pensée s'y découvre, en même temps qu'une sorte d'atelier d'écritures — et nous verrons que le pluriel importe. Tout ici s'inscrit librement, se compose et se reprend dans la diversité de la réflexion sur le langage ou sur les sciences, sur la philosophie ou la littérature, et la page peut aussi bien s'ouvrir au chiffre d'un calcul où la main s'est contrainte, qu'au tracé d'un croquis, à la couleur d'une aquarelle, où elle s'est très visiblement libérée.

L'un des étonnements du lecteur qui accomplit la patiente traversée de ces vingt-neuf volumes est bien alors de découvrir très tôt, au détour d'une page, parmi des analyses abstraites de toute nature, des poèmes en prose que rien ne préméditait. Chez Valéry, sans doute, il ne s'agit pas d'une forme nouvelle, et Une chambre conjecturale [1] ou les quelques pages de Purs drames (1892 ;

1. Montpellier, Fata Morgana, 1981. Le recueil, édité par Mme Agathe Rouart-Valéry, rassemble des textes écrits au tournant des années 1880-1890.

*Œ.I.*1605-1607[1]*), par exemple, quoique marquées encore d'une certaine grâce d'époque, montrent bien la maîtrise où il est très tôt parvenu. Mais l'essentiel est à coup sûr qu'à un moment où l'exercice du vers s'est pour près de vingt ans suspendu, le poème en prose au contraire se préserve. D'une forme à l'autre, on aurait tort pourtant de croire à un quelconque relais. Lorsque viendra la décennie de maturité poétique ouverte par* La Jeune Parque *et refermée par* Charmes, *les* Cahiers *ne cesseront pas d'accueillir des poèmes en prose — et dans ces années d'ailleurs très nombreux — mais le travail du vers, à l'exception de rarissimes fragments spontanément notés, s'accomplira hors d'eux : partage capital entre deux espaces d'écriture — le premier tourné vers soi-même, et le second vers un lecteur possible. Et si l'œuvre entière est ainsi travaillée par une tension persistante entre la volonté de préserver ce qui n'appartient qu'à soi et la nécessité de consentir malgré tout à* écrire, *nous verrons que le poème en vers s'inscrit bien au versant public, et le poème en prose au versant privé de cette œuvre.*

Que les textes ici rassemblés n'aient encore trouvé qu'un très faible écho[2], cette méconnaissance tient bien sûr à l'étendue même des Cahiers *qu'aucun lecteur, sauf vocation critique, n'a le loisir de parcourir dans leur*

---

1. L'abréviation désigne les deux volumes des *Œuvres* procurés par Jean Hytier dans la « Bibliothèque de la Pléiade ». La lettre C renverra d'autre part aux vingt-neuf volumes des *Cahiers* publiés en fac-similé au C.N.R.S. (1957-1961).

2. Bien qu'une partie d'entre eux aient été publiés par Judith Robinson-Valéry, dans son anthologie des *Cahiers* (« Bibliothèque de la Pléiade », t. 2, 1974, « Poèmes et PPA ») et repris dans *Ego Scriptor*, coll. « Poésie/Gallimard », 1992.

totalité. *Mais elle tient aussi bien à la difficulté qu'éprouvait Valéry lui-même à les reconnaître puisqu'il s'est toujours refusé à ce double geste qui, n'en doutons pas, les aurait imposés : la composition d'un recueil qui les eût haussés, à ses yeux, à hauteur du vers ; la définition d'un statut qui les eût reconnus comme une forme majeure d'écriture poétique. Lorsque, après le succès de* La Jeune Parque *en 1917, il rassemble ses poèmes de jeunesse dans l'*Album de vers anciens *que suivra* Charmes *en 1922, la figure majeure du poète en vers s'impose rapidement sur la scène littéraire, et Valéry ne songe pas alors à rassembler les poèmes en prose des premières années, ni ceux qui, plus ou moins achevés, ne cessent pas de s'écrire dans les* Cahiers *: il faudra attendre* Tel Quel, Mélange *et* Mauvaises pensées, *recueils comme on sait composites, pour que l'écrivain fasse une place — mineure — à certains de ces textes. Or cette publication partielle et finalement désordonnée, tout se passe comme si Valéry l'avait acceptée faute de mieux : non pour offrir au nombre des lecteurs ce qui désormais peut lui être vraiment* présenté, *mais plutôt pour nourrir, simplement, des volumes hâtivement composés. Dans* Mélange *et* Tel Quel, *les deux sections majeures qui les accueillent affirment ce laisser-faire superbe : dans le premier, « Poésie brute » vient signifier cette part à la fois de désinvolture et de lassitude qui rend public ce que sans doute il eût fallu parfaire ; et dans le second, le titre de « Poésie perdue » semble porter négligemment au jour des feuillets égarés, ou arrachés à un lointain passé, mais qui valent cependant d'être lus,* malgré tout. *Titre admirable,* cependant, et qu'il m'a semblé légitime de reprendre en tête de cette édition qui rassemble pour la première fois la totalité des poèmes en prose des Cahiers — longtemps perdus précisément dans leurs pages innombrables, mais ici retrouvés.

Poésie brute, ces textes, même remaniés, l'étaient assurément par le mouvement premier de leur écriture. Quels qu'aient été les commencements des poèmes en vers, le souci de l'œuvre à faire gouvernait leur patiente reprise, bien plutôt que le désir d'exprimer quoi que ce fût — et c'est la formule célèbre des Mémoires du poète : « Ce fut l'intention de faire qui a voulu ce que j'ai dit... » (Œ.I.1503). Les poèmes en prose qu'on va lire, au contraire, s'ils surgissent au hasard de la page, c'est dans la sollicitation présente d'une émotion : chant d'oiseau ou tempête marine, exaltation de l'esprit en éveil jusqu'à l'ivresse parfois de la sensation des idées qui jaillissent, inquiétude spirituelle, plus tard, ou détresse affective, volonté plus rarement de se retrouver ou de se rassembler dans une poésie pour une part autobiographique. De la prose au vers, la première rupture est ici : dans cette exigence de dire — et parfois de se dire — qui l'emporte d'abord sur tout souci d'écrire.

Cette première émotion qui n'appartient qu'à soi, on peut comprendre sans peine la réticence de Valéry à la livrer. Mais si la publication de certains de ces poèmes en recueils, et d'un geste incertain de lui-même, ne s'accompagna d'aucune légitimation d'aucune sorte, c'est aussi qu'ils se sont écrits largement à l'écart, et au rebours même de la poétique qu'il définissait, commentait volon-

11

tiers dans de nombreux articles et conférences, et enseignait aussi depuis qu'une chaire, en 1937, lui était offerte au Collège de France. En laissant ainsi ses poèmes en prose hors statut, il prenait acte — n'en doutons pas — de l'écart qu'ils creusaient par rapport à cette poétique strictement limitée au vers dont elle faisait le point solaire de la littérature et le tout de la poésie. Mais cette approche encore une fois n'était que le versant public d'une réflexion qui dans les Cahiers s'ouvrait secrètement à la prose. Le partage, en effet, est sans exception : quand Valéry évoque publiquement la littérature, toutes les formes de la prose, qu'il condamne pour sa facilité trop linéaire, son absence de contraintes, et son insoumission à toute structure d'ensemble, se trouvent insensiblement — et injustement — rabattues du côté du langage ordinaire. Qu'il évoque Mallarmé, écrive Situation de Baudelaire ou consacre à Maurice de Guérin sa Petite lettre sur les mythes, ses essais critiques ne font jamais place aux poèmes en prose de ces écrivains, et il les maintient dans le même silence théorique que les siens. Nul signe ici de désintérêt, moins encore de dédain pour un mode d'écriture qu'il n'a pas cessé de pratiquer et qui à ses yeux a trouvé son accomplissement admirable dans les Illuminations de Rimbaud. Mais la marque plutôt d'une réserve, ou encore d'un suspens, puisque Valéry lui-même a vainement cherché ce que pourrait être une autre prose, différente justement de celle qu'il condamne, et qui permettrait la composition d'un objet verbal aussi dominé que le vers.

1917 est ici le tournant majeur. Au moment où

s'achève La Jeune Parque, *Valéry note dans un* Cahier *de mai-juin : « Vingt fois depuis trois mois j'ai cru saisir l'un des secrets de l'art »* (C.VI.552). *Et le 6 juin 1917, il fait part à Pierre Louÿs, qui pendant ces années consacrées à la* Parque *a été une manière de confident, presque un directeur de conscience littéraire, de sa recherche d'une prose qui lui permettrait de réécrire certaines notes théoriques des* Cahiers *en vue d'une publication possible. Car ce secret de l'art est en fait un « Secret de la prose », selon la formule même qui ne cessera d'intituler de loin en loin, et pendant plus de vingt ans, quelques notes lapidaires qui témoignent d'une préoccupation récurrente. Faute de développements explicites et surtout d'une véritable mise en œuvre de cette* autre prose, *il est malaisé d'en offrir une définition. Mais la volonté de Valéry, à coup sûr, eût été d'inventer des lois de fonctionnement qui, au laisser-faire qu'il reproche à la prose, fût-ce la plus accomplie, seraient venues substituer une structure nécessaire en même temps que musicale et qui eût aboli le hasard comme le poème en vers avait eu charge de dominer le spontané de l'inspiration : « Comment viennent les phrases ? Et comment les faire venir ? Il y a toujours des "idées".* Chasser le hasard — *c'est-à-dire l'*instantané *(de l'esprit) »* (C.XIX.57).

Cette poétique de la prose n'est pas advenue, mais tout porte à croire que c'est la recherche dont elle fut l'objet, tout ensemble, et l'échec même de cette recherche qui portèrent Valéry à reléguer dans un silence complet le statut de ses poèmes en prose et à en minorer la place dans son œuvre même. D'un tel vide théorique, tous ces textes à coup sûr ont souffert, jetés sans crier gare aux quatre vents de ses recueils, et livrés hors statut. Il se pourrait cependant, contre toute apparence, que l'échec du «Secret de la prose» les ait pourtant servis dès lors qu'il venait préserver en eux ce mouvement premier qu'aucune contrainte n'adultère, cet allant libéré que le travail chez Valéry vient souvent affadir ou classiciser. Et si les poèmes qu'on va lire maintiennent intacte la séduction d'une voix sans apprêt, c'est sans doute pour une part qu'ils témoignent à nos yeux de ce que Julien Gracq appelle, y voyant un trait de notre époque, le «délaissement du chef-d'œuvre au profit de tout ce qui, de l'écrivain, babille et jase encore autour de lui en liberté[1]».

Cette liberté est ici certainement formelle, et permet une large palette d'écritures. Mais elle procède aussi de l'immédiat affleurement de ce qui affecte l'écrivain, et prend à rebours le souci de domination et la volonté de réserve que suppose à ses yeux l'œuvre d'art puisqu'«il en est de notre esprit comme de notre chair : ce qu'ils se sentent de plus important, ils se le cachent à eux-mêmes ; […] les actes et les œuvres sont faits expressément pour le travestir» (Œ.I.482). Cette part d'ascèse qui chez Valéry accompagne la littérature, et particulièrement le travail du vers qui refoule la personne privée, tient largement sans doute à la volonté qu'il eut de se dominer au moment de la Crise de Gênes, comme à cette réticence immédiate et native devant ces formes d'abandon personnel qui désarment. Et ce refus de se livrer, c'est aussi

1. *En lisant en écrivant*, Corti, 1981, p. 284.

bien ce dont témoigne une lettre à Gide — et jugée par lui « admirable » — où le jeune Valéry de vingt-trois ans confronte les images diverses et parfois contraires que se font de lui ses amis, pour s'en plaindre à la fois mais aussi s'en féliciter secrètement, dès lors qu'elles le protègent : « Ce que je sais, c'est que je me sens réellement trop différent — non peut-être que je le sois plus, mais que je le sente et tende à le sentir plus que n'importe qui — des gens. Te rappelles-tu : je te disais abandonner les idées que j'avais dès que d'autres me semblaient les avoir. C'est toujours vrai. Je veux être maître chez moi[1]. » Or, dans les poèmes en prose qu'il écrit d'abord pour lui-même, cette différence n'a pas à se protéger — et c'est son être pur que Valéry exprime sans travestissement parce qu'il s'écrit dans l'éloignement des regards étrangers, et laisse sourdre sans artifice la vérité de ce qui l'atteint — et justement le définit pour soi. Toutes les pages qu'on va lire opèrent bien ce renversement : éloigner le personnage de l'Auteur pour laisser la personne se dire sans avoir jamais le sentiment de se montrer.

Lui qui considérait qu'aucun portrait de soi n'existe que soi-même puisse brosser, parce qu'il n'y a pas de regard possible sur soi, il a laissé se composer ici sans en prendre conscience ce que nous pouvons aujourd'hui regarder comme une sorte d'autoportrait éclaté, et qui échappe au péril de la pose. Il se peut bien que Valéry, un jour de 1934 — mais il n'était plus jeune et prenait

---

1. *Correspondance Gide-Valéry*, éd. R. Mallet, Gallimard, 1955, p. 217.

chaque jour davantage conscience de sa figure d'homme de lettres — se soit pris en flagrant délit de monnayer ses sensations : « Je regarde la mer en furie — et le Dictionnaire caché, tapi dans l'être de lettres, veut à chaque plus beau coup joué par les lames ou les nues et gagné par les yeux, lâcher un vol de mots dans la région sensible et éclairée où passe dans la lumière spirituelle ce qui se fait articuler et écrire… » (p. 208). Il demeure que tous ses poèmes en prose puisent leur force, et leur être même, d'un besoin d'exprimer un instant qui s'écrit — et le passif importe — dans une parole qui ne s'adresse qu'à soi-même : ils traduisent ces états de conscience, d'existence, qui importent assez pour que soudain les mots se cherchent et s'ordonnent — monuments précaires d'un moment qu'il s'agit de fixer.

« Il en est de notre esprit comme de notre chair… » Ce que les poèmes de ce recueil nous montrent mieux que ne saurait le faire aucun aveu, c'est qu'en Valéry n'ont cessé de secrètement s'affronter une affectivité trop prompte à s'émouvoir dans la souffrance de la détresse ou de l'angoisse, et une intellectualité qui s'exerçait pour mieux la cuirasser. Or si l'on trouve ici la trace d'un pareil désir de maîtrise — « Je me fâche de ces émotions. L'intellect jamais content hausse les épaules » (p. 123) —, il ne s'affirme que par exception, et le poème en prose laisse l'intime affleurer dans la montée du texte qui l'accompagne. Et c'est justement un ajour sensible que cette écriture poétique vient de loin en loin ménager dans le paysage d'ordinaire si abstrait des Cahiers. Un ressourcement vient alors s'opérer au plus près de soi et du monde,

expression spontanée d'une relation existentielle. Qu'une forme de sensibilité ouverte semble ainsi se lever souvent pour dissiper les sécheresses de la réflexion, ce sont certainement les premières années qui le montrent le mieux, quand l'essentiel de ces Cahiers est tourné du côté du « Système » et qu'une poésie fragmentaire et qui ne s'attarde pas suspend soudainement la pensée — ou l'écarte : « Oiseau posé entre trois feuilles :/un petit bruit au crépuscule, par moments —/n'existe qu'à ces moments —/S'entend, comme douleur » (p. 60). Plus tard les poèmes s'infléchiront, s'écriront de manière plus patiente et suivie, plus rhétorique peut-être dans leur fluidité, leur lexique moins chargé de suc et comme allégé, l'âge venant, de saveur. Ils s'enrichiront également des inquiétudes et s'aggraveront des tourments d'une vie moins repliée : mais constamment se maintiendra cette trouée de l'affect dans un espace voué à l'intellect.

Tels qu'on va les lire, ces poèmes ainsi sont sans tradition — et leur ouverture à la personne même de l'auteur vient creuser une différence manifeste dans le champ d'une poésie moderne dont on a tant glosé, non parfois sans excès, l'impersonnalité depuis Baudelaire : point de distance, ici, le plus souvent, du sujet lyrique au sujet empirique. Leur constant accueil, d'autre part, à toute la diversité du sensible vient marquer une claire rupture avec l'héritage symboliste. La leçon de Rimbaud certainement a compté, dont Valéry découvre les Illuminations vers la fin de 1891, sans doute, ou le début de l'année suivante. Écartons ici toute influence trop immédiate que

17

rien ne permet de vraiment repérer, et d'autant moins probable que la *Crise de Gênes*, je l'ai dit, fut pour une part ce moment de défense contre les chefs-d'œuvre antérieurs dont Valéry précisément se refusait à reproduire l'écho pour véritablement devenir soi. Si cependant des poèmes en prose l'ont marqué, ce ne sont pas ceux de Baudelaire ni de Mallarmé, mais de Rimbaud qui lui a imposé l'évidence d'un tout autre emploi du langage poétique, et qui «a découvert tout un domaine littéraire dans les harmoniques de nos sensations[1]». Et si le traitement de la prose, dans les pages qu'on va lire, travaille sans doute souvent sur la précision du phrasé et la scansion du rythme, Valéry n'oublie pas le jeu possible de la dissonance et de «l'incohérence harmonique» rimbaldienne, l'efficacité des ruptures — ni que la prose puisse offrir une matière aussi sensible que le vers.

Ce qu'appelle enfin le souvenir des *Illuminations*, c'est la prose versifiée de «Marine» et «Mouvement» qui anticipe ce qu'on nommera plus tard le vers libre, mais ne s'y confond pas. Une ouverture du même ordre se fait jour en effet dans les poèmes de Valéry — et reconduit la même question : quelle portée reconnaître à cette apparence versifiée? Quelle appellation lui donner? J'écarte ici naturellement les rarissimes poèmes en vers qu'on découvre dans les *Cahiers*, aussi bien que ceux, également rares, qui paraissent s'amorcer de manière régulière avant de glisser à une écriture sans structure.

---

1. Frédéric Lefèvre : *Entretiens avec Paul Valéry*, Paris, Le Livre, 1926, p. 70.

Ainsi « Sur les genoux de Terre/Boire le lait tranquille »
(p. 75) qui, après deux hexasyllabes sans doute sponta-
nément venus, délaisse toute régularité. Mais quand
Valéry choisit de passer à la ligne pour disposer ce qu'un
premier regard identifierait comme vers libre, une telle
désignation ne saurait convaincre qui ne trouverait ici
sa justification que dans la majuscule initiale — non
absolument respectée — et le passage à la ligne. Histori-
quement né d'un assouplissement des contraintes qu'il
choisit pour sa part, comme on sait, de maintenir, le vers
libre est un mode d'écriture poétique que Valéry récuse
pour sa part de hasard et sa non-résistance à la prose car
« la prose qui presse et envahit le vers libre est toujours
mauvaise prose » (C.XXIV.294). Et s'il arrive qu'au
moment de retoucher un poème — je songe par exemple
à « Comme au bord de la mer... » (p. 99; cf. Œ.II.668
sq.) — Valéry le porte au vers libre, c'est justement par
la recherche de régularités plus fortes que dans la version
initiale, et c'est le contraire d'un assouplissement : le
retour bien plutôt à une forme qu'une autre étape pour-
rait conduire au vers parfaitement nombré et rimé.

Mais si d'autre part le terme de vers libre n'a guère de
pertinence ici, c'est que la prose versifiée des Cahiers *ne*
travaille pas sur des régularités qui, bien que variées, res-
teraient repérables, même si certaines s'imposent ici ou là
selon un mode réflexe chez le poète familier du vers. Dans
la plupart des cas, le découpage de la ligne ne répond pas
à une libération métrique, mais simplement à un phrasé
ou à une structure syntaxique qui imposent au poème ce
que j'appellerai le rythme de sa mise en page — et d'as-

sez nombreux textes, isolant certaines phrases, jouent d'une telle mise en page sans qu'on songe à parler de vers libre. C'est que le passage à la ligne équivaut souvent à l'usage du tiret si fréquent, et suppose bien moins l'arrêt syntaxique que la pause attendue de la voix qui module le texte : « Parmi l'arbre et l'arbre/Mû selon la peur ou la soif/L'animal se répète/Par la course/Et s'annule » (p. 72). C'est ainsi la relance du texte qui impose très souvent la prose versifiée, et construit sa découpe sur une manière de suspens, grammatical aussi bien que respiratoire, ou c'est l'entame anaphorique de la phrase qui l'entraîne, comme si le phrasé intérieur dictait le mouvement de la main — et une certaine scansion lyrique s'en trouve fréquemment soulignée. On ne peut alors se retenir de songer que Valéry témoigne ici de cette même liberté d'expérience qu'Apollinaire manifesta lorsqu'il choisit de donner l'apparence du vers, dans Alcools, à « La Maison des morts » qu'il avait d'abord publié en revue sous la forme d'un poème en prose.

Assurément, une telle mise en page impose à la lecture un rythme plus marqué, mais un tel « vers » ne tirerait son fragile statut que de sa disposition linéaire, et si l'on veut de la solennité d'une mise en poème. Car ce qui frappe dans de tels textes — et surtout dans les plus tardifs —, c'est qu'à la différence précisément de la structure volontiers hiératique du vers régulier que pratique Valéry et qui ne cesse de jouer sur les ressources du legato, à la différence également du poème en prose fréquemment travaillé chez lui de condensations et de ruptures, cette fragmentation autorise une sorte d'allant, *parfois de soulèvement lyrique, pour dérouler souvent une plus libre ampleur qui paraît se payer d'un appauvrissement du langage : ce que le texte gagne en* apparence *poétique, il le perd en réalité. Loin de marquer alors une quelconque allégeance au vers libre, de tels textes soulignent bien plutôt la libre spontanéité du poème à diversement occuper tout l'espace de la page, mais aussi cette mesure expérimentale qui me faisait désigner tout à l'heure les* Cahiers *comme un atelier d'écritures : et lorsqu'il choisira de publier quelques-unes de ces pièces en recueil, il retiendra parfois, comme incertain de lui-même, une disposition typographique légèrement différente de celle qu'offrait le manuscrit.*

Notation brève, évocation, narration, description, méditation — les formes que revêtent ces poèmes sont pour le reste trop nombreuses, et surtout s'entrecroisent ou dérivent trop fréquemment, pour ne pas rendre dérisoire tout classement rigide. Par leur brièveté, leur traitement du langage, leur unité et leur densité, les textes qu'on va lire — en dépit parfois d'un inachèvement qui ne les referme pas totalement sur eux-mêmes — relèvent bien du poème en prose, et non d'une prose poétique plus continue, et du même coup plus ouverte et déliée. Dès les premières années, cependant, se dessinent des métissages : l'ouverture à une forme d'analyse qui justifie que plusieurs fragments poétiques des Cahiers *aient pu être repris dans le « Log-book de Monsieur Teste », et la fabrique d'un narratif qui par son éloignement du réel ordinaire évoque les* Histoires brisées *où l'invention valéryenne cherche l'exception d'un personnage fictif*

21

qu'il met en scène à la marge de l'humanité. Mais ce sont ici des histoires moins brisées qu'esquissées, comme si le besoin de composer une figure que l'on retrouve dans quelques pièces — « L'homme de verre » par exemple (p. 77 et 86) — ou bien d'évoquer un moment, simplement, ou une situation, ne surgissait que pour s'interrompre aussitôt. Mais alors que les Histoires brisées se composaient au versant narratif d'une prose à la fois poétique et abstraite, l'unité brève comme la qualité d'écriture de ces courtes pages les établit bien du côté du poème qui paraît s'ébaucher, parfois, au prétexte d'un nom rêvé : Mahmoud, Imus, Ismène. Moments d'exception, certainement, mais qui nous permettent de comprendre que si les poèmes des Cahiers proposent souvent des formes pures — comme il existe des corps chimiquement purs —, en même temps l'écriture parfois s'infléchit jusqu'à l'indécidable en des pièces qui sont aussi des contes, des portraits ou des récits de rêve dont le trait commun est de mettre à distance toute réalité ordinaire, et du coup d'opérer dans le paysage abstrait des Cahiers la même trouée que les poèmes ouverts à l'affect ou au monde sensible. Ce qui s'impose ainsi au plus rapide regard, ce n'est pas simplement que Valéry n'a pas eu d'abord conscience d'écrire là des poèmes, mais qu'il n'a surtout aucunement cherché à unifier leur écriture ni à composer la matière d'un corpus cohérent. Et la diversité même de ces textes est précisément, pour une part, ce qui signe à nos yeux aujourd'hui leur rupture, ou si l'on veut leur singularité, dans l'espace poétique de ce siècle.

Quand le jeune Valéry de vingt ans consacre des poèmes en prose — plus tard repris dans Pièces sur l'art *(Œ.II.1288 sq.) — aux tableaux de Cristoforo Allori et de Zurbaran qu'il a eus sous les yeux au musée de Montpellier, il n'est pas loin alors de la tradition rhétorique de l'*ekphrasis *ou de la prose d'art, de la description poétique de ce qu'il s'agit de donner à voir à partir d'un objet culturel — et sans doute travaille-t-il sur les pas de Huysmans décrivant dans* À Rebours, *l'un des livres les plus admirés de sa jeunesse,* Salomé *et* L'Apparition *de Gustave Moreau. La rupture qu'introduisent alors les* Cahiers *dans les poèmes en prose si nombreux qui décrivent des décors familiers — la ville de Gênes, une tempête marine, le spectacle aperçu d'une fenêtre ouverte, la contemplation des étoiles —, c'est que, dans le congé donné à toute référence culturelle, ils cherchent à approcher, très au-delà du seul regard, la sensation présente et comme totale que le Je éprouve face au monde. Poésie personnelle, si l'on veut, car elle engage le tout d'un être jusqu'en ces intimes vibrations affectives qui disent la légèreté pure ou laissent sourdre au contraire la tristesse. Poésie singulière, également, parce qu'elle rompt avec toute tradition mimétique et reconduit le refus déterminé que Valéry oppose, dans le roman, à une description susceptible de* faire tableau *en montrant complètement ce que chacun peut voir, quand la vérité du regard, au contraire, est de pointer seulement ce qui* touche *le sujet et déroute la continuité d'une composition.*

Ce qui s'offre alors au lecteur, ce n'est pas le contour d'une ressemblance possible, mais l'image tout indivi-

duelle et partielle qui s'est très spontanément imposée. Il se peut certainement que, dans certains poèmes, l'écriture fragmentaire, disruptive ou paratactique, tienne au mouvement premier qui les fait naître, en deçà de toute reprise ; il demeure que cette juxtaposition de touches trouve son authenticité dans l'immédiate restitution de cela seul qui affecte celui qui voit — jusqu'à donner parfois l'impression d'une vision : « Une pâle rue, falaise d'ombre tendre aux balcons veloutés, se suspend, abrupte, là, à un ciel légèrement velu de lumière ; et devant nous, noyés par le pur sol immense d'où remonte le jour, les passants sont venus, nous ressemblent, et se diviseront au soleil » (p. 68). Dans ces paysages valéryens, c'est le rapport du sujet au monde que le poème écrit bien plutôt qu'une « chose vue ». L'écrivain, pour une part, retrouve là la leçon des peintres et de Matisse, par exemple, disant à Aragon : « Je ne me débarrasserai pas de mon émotion en copiant l'arbre avec exactitude, ou en dessinant les feuilles une à une dans le langage courant... [...] Il me faut créer un objet qui ressemble à l'arbre. Le signe de l'arbre[1]. » Mais si, de l'objet réel à l'objet peint, la ressemblance est ce qui signe l'émotion, son exactitude ne cesse pas d'affronter ce que Valéry éprouve comme l'insuffisance du langage.

Assuré, en effet — c'est l'un des articles essentiels de la linguistique que développent de loin en loin les Cahiers —, que les mots ne sauraient dire jamais adéquatement les choses, et moins encore les sensations qui

1. Aragon : *Henri Matisse, roman*, Gallimard, « Quarto », p. 157.

pour lui relèvent de l'indicible, Valéry garde sans cesse conscience qu'il ne saurait jamais s'agir pour le poème que de constituer par ses mots l'équivalence verbale, insuffisante, fatalement, et précaire, de ce qui s'offre à lui, et quelques-unes des pages que l'on va lire évoquent clairement le passage d'une réalité vécue comme poésie du monde à la difficile transposition que le poème peut en donner : « Un nuage énorme sur la lune, troubles d'encre et d'argent, masque tordu — qu'entoure le ciel étoilé tranquille, vissé d'astres. Je pense à l'enfantine poésie de chercher mille ressemblances imparfaites de ce nuage, mille chameaux, monstres, contrées — tandis que sa valeur, sa poésie puissante et véritablement illimitée est justement au contraire d'être informe, lui-même, inaccessible aux mots, sans images » (p. 80). Si le poème en prose échappe chez Valéry à cette recherche d'une structure concertée que d'autres poètes ont pu songer à lui donner, ne doutons pas que ce soit pour cette raison même : le désir de ne transposer dans le texte que ce qui l'a atteint, et qui seul mérite d'être écrit. Une poétique négative en procède, et qui travaille sur le refus d'oblitérer par le métier une sensation neuve, ou mieux encore tout un faisceau de sensations diverses, sons et odeurs mêlés, que le poème s'attache à livrer au plus près : « Si le bois serpente, et que la rivière d'un trait d'argent l'use, trop aigu pour les sens, le cri, une élégante lumière dispense, épouse de tous bosquets, le reste, restreint, d'air et terre, rocs par éclairs, effeuillement, ensemble et douceur » (p. 70).

Ici encore, la leçon de Rimbaud a pu compter, chez

qui Valéry admirait « *quelques combinaisons de mots de puissance comparable à celle de certaines sensations étrangement* agaçantes » *(C.XV.457). Mais surtout se resserre la plus radicale différence que le poème en prose manifeste chez lui par rapport au poème en vers. Alors que celui-ci — toute la poétique y insiste à l'envi — est cet objet verbal dont l'autonomie doit doubler le réel du monde pour se constituer en réalité sensible à son tour, le poème en prose au contraire vise à épouser au plus près ce qui maintenant s'éprouve pour le restituer sans attendre — sans différer — dans l'ordre du langage. C'est le mouvement premier d'une sollicitation légère face à des « choses vues » — l'observation bientôt analytique d'un tigre à Londres ou d'un paysan dans son champ —, ou celui d'une plus profonde émotion devant certains spectacles naturels que le poème en prose a la tâche d'écrire dans l'instant, et il arrive que le texte accueille au plus près ce que le dehors impose tout à coup au dedans : « Un printemps si léger que je crois me survivre » (p. 84). Il se peut bien qu'ensuite Valéry retouche son poème, et le reprenne pour une publication extérieure où il revêtira l'aspect d'une œuvre : ce qui peut-être jusqu'ici nous a retenus de mieux lire quelques-uns de ces textes recueillis dans* Tel Quel *ou* Mélange, *c'est l'ignorance où nous étions de leur ancrage existentiel dans l'espace privé des* Cahiers, *c'est l'immédiat passage alors insoupçonné à l'écriture, sans aucun souci de* faire *un poème.*

S'il fallait alors définir une poétique du poème en prose, c'est pour une part dans la volonté de surmonter les insuffisances du langage qu'il faudrait la chercher, dans cette tension si souvent inconsciente vers ce qui saura finalement équivaloir *au mieux : « Cette odeur d'habitacle — vieux meubles, vieux bois — vieux sommeils, chambres fermées, flottantes, air épais —* je ne sais comment l'exprimer *— le nez tâtonne et tapote à travers les souvenirs et les mots, cherchant la voie, l'expression, l'image* exacte » *(p. 172). L'image exacte, le pur reflet verbal, échappent toujours : mieux encore, ils sont cela même qui, échappant, produit la poéticité d'un texte qui éloigne le langage ordinaire où s'offrirait une* expression, *au profit du langage poétique qui n'est qu'une incertitude surmontée. Le poème en vers* compose *un objet verbal coupé du réel parce qu'il devient lui-même un second réel fait de mots ; le poème en prose au contraire* transpose *une réalité — mieux encore la perception même de cette réalité, intérieure, extérieure, qui a ému le poète, et commandé sans médiation l'acte d'écrire.*

Lorsque Valéry note en 1933 : « J'ai essayé de saisir le mystère de l'aube, comme celui de l'éveil » (C.XVI.283) — nul doute que le verbe essayer *reconduise le même constat d'une écriture et d'un langage insuffisants à leur visée, et l'on songe, quoiqu'il s'agisse là d'autre chose, au désir rimbaldien de « noter l'inexprimable ». Mais nul doute également qu'une telle saisie convoitée montre bien que ce qu'il s'agit d'exprimer, c'est la relation du sujet au monde bien plutôt que le monde lui-même à cet instant de l'insensible épiphanie de la lumière et de l'indécidable présence prise entre jour et nuit. Ce qu'ainsi Valéry nomme* mystère, *c'est la nature quasi métaphysique, presque religieuse, d'un moment si fragile où ce qui n'était pas* advient *pour celui qui le contemple. De nombreux poèmes sont l'approche en effet de ces deux commencements, l'aube et l'éveil, qui inaugurent l'ordre du jour comme celui du corps : ils étaient le sujet de* Purs drames, *le plus accompli de ses poèmes en prose de jeunesse ; ils se trouvent longuement filés au début d'*Alphabet *; ils font ici retour pour constituer l'un des thèmes majeurs qui sur un demi-siècle faufilent leurs variations :* « Aube. Ce n'est pas l'aube — Mais le déclin de la lune, perle rongée, glace fondante, — et une lueur mourante à qui le jour naissant se substitue peu à peu. J'aime ce moment si pur, final, initial. Mélange de calme, de renoncement, de religion, de négation. Abandon. On referme respectueusement la nuit. On la replie, on la borde » *(p. 142).*

Or si l'éveil et l'aube disent d'abord le recommencement séparé et de l'être et des choses — mais aussi l'attention si profondément valéryenne à la physiologie du corps et au cycle du jour —, ils découvrent dans le même temps cette manière privilégiée d'être au monde que de tels instants rendent possible et qui de loin en loin compose une alternance entre les moments où le sujet s'ouvre à ce dehors qui l'accueille — et l'être alors semble presque se dissiper ou disparaître dans une sorte de fusion fugitive et légère — et ceux qui évoquent un réel soudain mis à distance, comme au-delà d'une vitre qui le marquerait d'étrangeté, jusqu'à faire naître la surprise d'être tel, *face à un monde qui lui-même pourrait être tout autre :* « … Aube et moi — Corps toujours las qui s'éveille *au-dessus de toutes ses pensées possibles — et ce* sentiment étrange d'être étrange, étranger, et cependant d'être quelque chose — Tout et rien — Substance unique et accident » (p. 174). Cette ouverture si essentielle sur le dehors, de nombreux poèmes lui font contrepoint par un symétrique repli sur le dedans. À ces pages consacrées à l'accueil du Monde et la présence du Corps qui, soudain rassemblé *par l'éveil, s'ouvre aux choses sensibles, correspondent les moments de retrait* — et c'est l'endormissement, par exemple, où l'être au contraire se sépare : « L'homme qui s'endort, s'abandonne, se fie à quelque chose ; se remet aux choses, et à son corps, première chose ; s'adapte en dedans, s'adapte à n'être pas et, comme il s'adaptait à être, à se séparer. Le voici qui s'assimile à ce qui existe de plus stable, au plus petit potentiel compatible avec la vie, — à l'état où on ne soit pas encore ; renonce à ce qui est à quelque distance ; se retire, obéit ; immole le réel, devient tout réel, consent à n'être que soimême ; change d'espèce » (p. 125).

Ces poèmes certainement contresignent l'intérêt de l'écrivain pour tous les états d'existence où se modulent les relations du Corps et de l'Esprit, mais les moments les plus singulièrement valéryens se découvrent à coup sûr dans l'évocation autonome de l'activité de l'Esprit qui s'analyse et qui s'observe. Valéry le note dans le « Descartes » de Variété : « La vie de l'intelligence constitue un univers lyrique incomparable, un drame complet » (Œ.I.796) et c'est ce théâtre intérieur dont certains poèmes dressent la scène, ou allégorisent le fonctionnement rêvé comme le fait la belle « Tête de cristal » : « J'aurais voulu te vouer à former le cristal de chaque chose, ma Tête — et que tu divises le désordre que présente l'espace et que développe le temps, pour en tirer les puretés qui te fassent ton monde propre, de manière que ta lumière dans cette structure réfringente revienne et se ferme sur elle-même dans l'instant, substituant à l'espace l'ordre et au temps une éternité » (p. 230). Mais directement lié au mystère de l'éveil, l'expérience intérieure qui requiert le plus fréquemment Valéry, c'est la sensation même du surgissement des idées, en même temps que cette ivresse lyrique que suscite, au plus pur du matin, l'ouverture de l'intelligence à tous les possibles, ce sentiment de potentialités sans limites que l'application à un objet précis va bientôt brider et borner. Ce qui importe en de tels instants, c'est le désir d'exprimer la vie même de cet univers intérieur que la pensée jaillissante constitue *dans le retrait de son espace clos* : on ne peut alors douter que de pareils moments emblématisent cet appel au travail qui chaque matin, sur un demi-siècle, lui fit justement rouvrir ses Cahiers *avant l'aube*. Et lorsque viendront les dernières années, l'émotion du lecteur sera justement de voir retomber ce soulèvement lyrique et s'écrire au contraire, comme en ces lignes de 1944, la lassitude et l'amertume d'un progressif éloignement de soi — un désintérêt pour toutes choses : « *Matutina. Je ne sais que faire devant moi-même. Rien ne se veut./Le temps soyeusement coule ou frémit identique dans mon arrière-ouïe./C'est une variable uniforme, unie…/Je me sens dans mon ombre qui est attente, et je me dis ceci qui ne dit rien…* » (p. 242).

On aurait tort de croire que, dans cette évocation de la pensée qui s'annonce à elle-même ou s'analyse dans une sorte d'activité réflexive, ce soit l'abstraction qui d'abord sollicite Valéry. Il se peut certainement que quelques textes, par un glissement fréquent, viennent métisser le poétique et le discursif, afin d'étudier des états de conscience ou ce fonctionnement de l'Esprit qui l'a si fréquemment requis. Mais ce que vise le plus souvent le poème, c'est l'étrange émotion que font naître en lui certains états psychologiques, la pure transposition de cette sensation qu'il éprouve d'une vie présente à elle-même dans le repli de l'intelligence absentée du monde. Et c'est précisément toute la difficulté qui s'offre à nous si nous cherchons à rendre compte de ce titre finalement si troublant de «Petit Poème Abstrait», qui abrégé en PPA vient s'inscrire en tête d'assez nombreux textes. Sous cette appellation, sans doute, tout porte à croire que Valéry a pu d'abord songer à inaugurer une forme neuve qui n'appartînt qu'à lui et qui répondît, justement, à l'attention si singulière constamment portée aux lois mêmes de l'Esprit. Ces PPA, pourtant, à aucun moment ne s'en esquisse la moindre définition. Quelque chose ici s'est cherché, mais pendant une dizaine d'années à peine car si le sigle pour la première fois apparaît en 1899 — porté par Catherine Pozzi dans les années vingt —, puis de 1910 à 1916, l'examen des Cahiers *manuscrits montre qu'il fut ajouté lors d'une relecture plus tardive, et à l'exception de très rares notes qui mentionnent, jusqu'en 1942, des sujets de PPA, le sigle, si fréquent au cours de l'année 1918, progressivement s'efface pour disparaître en 1928, l'année* même où Valéry se sépare de Catherine Pozzi — et l'on ne peut tout à fait écarter l'idée que le désintérêt pour les PPA soit lié à l'éloignement de celle avec qui il avait dû souvent s'en entretenir. D'autres poèmes de toute époque, d'ailleurs, auraient pu porter le même titre, et si Valéry justement négligea de constituer plus tard un corpus complet, on peut y voir aussi la marque d'un désintérêt pour ce qui était devenu, à ses yeux, chose passée : car, plutôt que d'une forme séparée et que des règles propres auraient régie, je hasarderais volontiers l'hypothèse qu'il s'est d'abord agi pour lui d'une manière d'expérience amorcée en 1917, puisque c'est à cette date qu'apparaît, au pluriel et en toutes lettres, la première occurrence du terme de Petit poème abstrait *dont on puisse juger qu'elle n'est pas un ajout postérieur (C. VI. 477).*

Lointainement lié alors à l'ambition de cette autre prose dont nous avons vu qu'elle s'amorce justement en 1917, au commencement le PPA a sans doute pu s'envisager comme ce mode d'écriture qui exprimerait au plus près l'univers intérieur de l'Esprit. Et de cette recherche témoigne au premier chef la diversité finalement troublante de ces textes. Valéry en effet — et parfois lors d'une relecture — porte le sigle en tête de simples notes qui sans doute lui paraissent pouvoir être des amorces de poèmes à venir, c'est-à-dire à écrire. Mais il désigne aussi comme PPA des pages non poétiques qui accueillent des analyses ou des observations abstraites dont tout porte à croire qu'elles aussi auraient pu informer de futurs poèmes, ou qu'elles évoquaient secrètement ce que lui seul percevait comme cette poésie de l'intellect que dési-

gnent clairement ces lignes : « Ô mes étranges personnages, — pourquoi ne seriez-vous pas une poésie ?/Toi,
Présent, — et vous Formes, et vous Significations, Fonctions et Phases et Trames [...] » (p. 99). Il y aurait donc
une poésie intérieure parfaitement complémentaire ou
symétrique de cette poésie extérieure que l'écrivain reconnaît dans le pur spectacle du monde : « Comme je sens à
cette heure... la profondeur de l'apparence (je ne sais
l'exprimer) et c'est ceci qui est poésie » (p. 179). Si j'ai
été ainsi conduit à ne pas retenir quelques textes, c'est
que, n'étant pas des poèmes, ils auraient brisé l'unité du
recueil qu'on va lire. Mais c'est aussi que Valéry lui-
même, assurément conscient de leur écriture purement
abstraite, ne les a pas non plus recueillis lorsqu'il com-
posa un dossier des Poèmes et PPA contenus dans les
Cahiers[1]. Et, si lacunaire qu'il paraisse, l'un des intérêts
de ce dossier est assurément de nous donner une idée plus
précise de ce que Valéry désignait comme poème — selon
une acception très large dont les deux bornes, thémati-
quement, sont sans doute l'accueil au plus pur sensible, et
à une sorte d'abstraction d'autre part à peine poétisée
que l'un des tout premiers textes, « Le mélange » (p. 58),
vient très vite emblématiser.

Reste que l'abstraction des assez nombreux PPA que
l'on peut identifier comme de véritables poèmes est difficile à circonscrire. La première surprise, en effet, est que
les pages consacrées à l'éveil de l'Esprit ne revêtent pas ce
titre, et c'est justement la première différence que mar-

---

1. Voir à ce sujet, p. 50, la *Note sur l'établissement du texte.*

quent ces Petits Poèmes Abstraits : *dans le refus de tout soulèvement lyrique, leur écriture souvent n'est pas moins poétique, mais plus visiblement retenue, et ce qui me semble les définir au plus près, c'est l'observation intérieure d'un phénomène psychologique ou affectif producteur d'émotion. Loin de contresigner le repli de l'Esprit sur lui-même, la plupart d'entre eux peuvent alors s'ouvrir à ce dehors du monde que le sigle ne laisse aucunement pressentir. L'abstraction que leur titre suppose est souvent latérale, ou plutôt sans doute traversière, et leur seconde marque d'unité est ainsi d'évoquer, de manière souvent affective, un état de l'Esprit, mieux encore un état de conscience, souvent né justement d'une sollicitation extérieure — et c'est la qualité même d'un instant saisie :* « Jeunesse, tu peux écouter la pluie. L'écouter elle-même…/Elle ne te rappelle rien » (p. 105). *Ou encore :* « Cet oiseau pique la nuit finissante de cris faibles et aigus, me rappelle quelque chose… » (p. 164). *Cohérence fragile, on le voit, moins définie peut-être par la pure notation d'une émotion psychologique susceptible de s'écrire parce qu'elle est déjà poésie que par le glissement d'une sensation physique à un état psychologique. Et cette cohérence s'affaiblira encore quand Valéry, en 1932, publiera dans la* Revue de France, *sous le titre de* Petits Poèmes Abstraits, *quatre pages d'*Alphabet : *les deux premières seront bien consacrées à l'éveil de l'Esprit*[1], *mais leur tonalité lyrique les distinguera de l'en-*

---

1. Il s'agit de « Méditation avant pensée » (Œ.I.351) et de la première lettre M d'*Alphabet* (Livre de Poche, p. 79 *sq.*).

semble des PPA des Cahiers ; quant aux deux autres[1], largement ouvertes au réel extérieur, le lien maintenu avec l'évocation pure d'un état de conscience se sera encore distendu. Élargissement — et pour une part dissolution — qui contresigne dans la poétique valéryenne l'effacement des PPA face auxquels l'écrivain demeurait incertain : « 6.I.32. À l'Académie Bazin me tire à part et à mon immense étonnement me fait de grands compliments sur mes Poèmes Abstraits de la Revue de France ! Le ton mystique de ces pièces — a dû l'impressionner. Je tombe des nues. L'obscurité de ces essais dont je suis fort peu satisfait ne l'a pas rebuté ni choqué !... » (C.XV.453). Et peut-être ce titre de Petits Poèmes Abstraits était-il également, dans la Revue de France, un dernier signe de connivence avec Catherine Pozzi, dont tant de pages d'Alphabet disent la secrète présence : quand plus tard, dans Tel Quel ou Mélange, il lui arrivera de livrer d'autres PPA, cette désignation n'apparaîtra plus.

Tantôt envisagés séparément et pour eux-mêmes, tantôt noués deux à deux dans leurs relations réciproques, ce que dessinent alors le Corps, l'Esprit et le Monde, c'est cette manière de microcosme que Valéry, par un autre sigle, désigne si souvent pour lui-même comme son C.E.M., univers rapporté à la présence centrale d'un Je qui ne fait pas acception des lointains du monde mais n'accueille que ce qui se compose maintenant autour de lui — pour lui seul. Et c'est un des signes, bien sûr, de

---

1. Il s'agit de la seconde lettre J (p. 73 *sq.*) et de la lettre R (p. 97 *sq.*).

l'essentielle insularité valéryenne. Si une poétique du lieu se définit ainsi dans ces poèmes, on ne s'étonnera pas qu'à la différence par exemple de ce qui advient dans les Illuminations *de Rimbaud, aucun parcours ne s'offre ici, mais les proches contours simplement que composent la scène du regard, ou ce qui entoure au plus près le Je. Ainsi de cette page probablement née d'une promenade en forêt :* « Un manteau de silence, d'horreur, de crainte sur les épaules. On est regardé jusqu'à la moelle. Épié à travers ces feuilles, guetté derrière ces troncs, écouté par toute la vie, deviné par quelqu'un qui enveloppe cette forêt et dont l'œil perce jusqu'à vous. Les bêtes, les brigands, les dieux, Dieu, tout vous attend, vous menace, vous observe; même la plus belle apparition, ici, ferait une singulière peur » *(p. 110). Que cette triade du C.E.M. définisse ainsi pour une part essentielle l'univers des poèmes en prose des* Cahiers, *qu'elle permette à beaucoup d'égards d'en manifester l'unité, il suffit pour s'en assurer de constater que chacun de ses termes définit un réseau de préférences — pour des lieux ou bien des moments —, un faisceau de sollicitations intellectuelles ou d'interrogations existentielles — l'étonnement d'être soi, tantôt présent, tantôt absent au Monde et à soi-même —, une récurrence enfin de détresses affectives ou de préoccupations spirituelles. Ce que ces poèmes viennent alors silhouetter sous nos yeux, c'est l'être pur de celui qui se parle d'une voix silencieuse, délivré de son nom, dépouillé de son statut social, détaché enfin d'une humanité ordinaire pour un temps congédiée, afin d'exprimer simplement toute sa condition divisée, si peu* accueillante finalement à la joie, mais tout entière construite sur une sensibilité exacerbée et qui met en pièces la légende si convenue, et cependant si fausse, du froid poète de l'Intellect.

La figure que, de page en page, ces poèmes construisent sous nos yeux, on ne saurait pourtant la comprendre tout à fait que dans la vérité des inflexions que le parcours d'un demi-siècle lui impose — et par cette coupure essentielle, tout d'abord, que viennent ouvrir les premières années vingt, marquées par le retour en force, quand Valéry rencontre Catherine Pozzi, d'un affect longtemps refoulé, et un infléchissement aussi de la sensibilité poétique qui coïncide avec la publication de Charmes. Cette subite résurgence de l'affect, Valéry lui-même a su dire en 1922 le bouleversement profond qu'elle constitua après la Crise de Gênes qui devait le soumettre à la puissance de l'intellect : « Si je me regarde historiquement je trouve deux événements formidables dans ma vie secrète. Un coup d'État en 92 et quelque chose d'immense, d'illimité, d'incommensurable en 1920./J'ai lancé la foudre sur ce que j'étais en 92. 28 ans après, elle est tombée sur moi, — de tes lèvres » (C.VIII.762). Ce qui se découvrira désormais dans les poèmes en prose, ce n'est pas une thématique amoureuse qui reconduirait, dans ses joies et ses peines, une tradition millénaire : c'est une détresse affective qui appelle un nouveau régime d'écriture, comme si le poème n'accueillait que la peine à exorciser, sans s'ouvrir jamais aux instants de bonheur.

Une telle exclusion ne saurait surprendre. Les Cahiers *ne sont pas un Journal, et l'intime ne s'y formule pas pour soi-même, afin de garder trace d'un événement biographique, mais bien délibérément pour s'écrire. Surmonter la détresse, c'est alors la mettre à distance — et en particulier par une fabrique du narratif qui ne compose pas une histoire, mais permet simplement la domination de soi dans le surplomb d'un regard un moment dédoublé. Il n'est donc pas indifférent que, pendant l'année 1922, tout autre sujet de poème s'efface largement devant la crise affective dont une série continue de huit textes vient donner la mesure — et souvent bouleversante* : « Il y avait ceci d'étrange dans ces amants, et dans leur amour, que l'un et l'autre le ressentaient, non comme une affaire particulière entr'eux, et comme amour d'une personne et d'une personne, mais comme nécessité d'une intelligence parfaite entre des systèmes vivants, car ils prenaient également au sérieux, au tragique, — ce que les hommes réduisent à l'état d'opinion, de spéculation — à savoir leur condition même d'hommes, — événements pensants. Ils désiraient l'un de l'autre ce que l'autre présentait "d'universel" — c'est-à-dire d'opposé à tout ce qui peut successivement se produire, — et donc, il fallait qu'ils fussent l'un et l'autre, des êtres infiniment par*ticuliers » *(p. 159). Ce qui s'ouvre alors dans les* Cahiers, *c'est une figuration de soi qui parfois renverse le* Je *en* Il. *Là où le* Je *permettait de dire au plus près la présence à soi et au monde, le* Il *vient constituer un autre sujet qui assurément n'est pas moins authentique mais se libère de l'oppression présente par ce dédoublement, ou* par d'autres distanciations — et par exemple la métaphore de la maison que reconduira pendant la Guerre « Station sur la terrasse », « au plus haut de la demeure de [l']esprit » (p. 237) : « Un jour, j'ai touché par hasard je ne sais quel ressort et voici qu'une porte secrète s'est ouverte. Je suis entré dans des appartements étranges et infinis. J'étais bouleversé pas à pas par mes découvertes. Je sentais en me mouvant dans ces chambres inconnues et si mystérieuses qu'elles étaient la vraie demeure de mon âme » (p. 161).

Jusque vers ces années 1920, le retour sur soi ne s'était que fugitivement opéré, en 1900 d'abord (p. 69), puis en 1912 : « Te rappelles-tu le temps où tu étais ange ! Ange sans Christ, je me souviens./C'était une affaire de regard et de volonté, l'idée de tout traverser avec mes yeux. Je n'aimais que le feu. Je croyais que rien à la fin ne résisterait à mon regard et désir de regard » (p. 103). L'adresse du Je au Tu sans doute disait déjà l'exigence d'une mise à distance de celui qui se sait autre qu'il n'était — mais c'était alors l'histoire d'un esprit, l'évocation ancienne d'une pure volonté d'œuvre. Ce qui apparaît désormais, c'est le désir de se dire par une mise en récit où se maintienne l'ancrage existentiel, et il n'y a pas de hasard à ce que le premier des grands poèmes autobiographiques des Cahiers — avant « La révélation anagogique » de 1938 (p. 217), la « Station sur la terrasse » de 1942 (p. 236) et d'une certaine manière « La tête de cristal » de 1940 (p. 230) qui s'énonce selon la tonalité regrettante d'un « J'aurais voulu » — s'ouvre en 1921 avec « L'Ange » (p. 151) que Valéry reprendra une dernière fois au mois de mai 1945, avant que sa mort, en juillet, ne lui donne pour toujours à nos yeux une couleur testamentaire et grave (*Œ.I.205*).

Que ce poème irradie au cœur même des Cahiers, tout concourt à en imposer le sentiment. Formellement d'abord, s'il est vrai que la prose ici, et par exception, prend le relais du vers puisque c'est au moment où les «Fragments du Narcisse» sont laissés à l'inachèvement — parce que la distance de soi à soi vient de momentanément s'effacer dans l'existence même par la présence de Catherine Pozzi que Valéry perçoit comme sa Pareille —, c'est à ce moment que la coupure narcissique réapparaît dans la douleur de l'Ange qui se regarde au bord de la fontaine : «Il essayait de se sourire. Il se pleurait. [...] Qui es-tu ? se disait-il tout bas à je ne sais qui — Et plus bas, se disait-il : Qui est moi, qui donc est le plus moi de celui-là qui là tant se tourmente, ou de celui-ci qui le regarde ?» (p. 151). Existentiellement, ensuite, parce que le sentiment d'étrangeté qu'il a constamment éprouvé à l'égard de soi comme du monde et dont nous ne cessons de retrouver la trace de loin en loin dans ses poèmes en prose, Valéry lui-même l'a rapporté à cette figure de l'Ange qui tantôt signifie le rêve — ou le fantasme — d'un être pur et sans entraves qui s'établirait au-dessus de toutes choses, tantôt allégorise la plus émouvante et troublante distance face à tout : « "L'Ange" — m'appelait Degas./Il avait plus raison qu'il ne le pouvait croire./Ange = Étrange, estrange = étranger... bizarrement à ce qui est, et à ce qu'il est » (*C.XV.812*).

Le poème qui s'ébauche alors — mais fait immédiatement, dans le Cahier, l'objet de retouches et d'ajouts, parce que Valéry le reconnaît d'emblée pour un texte majeur — certainement renouvelle la question de l'identité qui traverse l'œuvre de part en part — « Je suis étant et me voyant, me voyant me voir », disait Teste —, et toute l'unité de l'imaginaire valéryen s'affirme à coup sûr également par cette reprise de l'inaugurale interrogation de la Parque : « Qui pleure là ? » Mais ce que le motif récurrent de la larme dans les poèmes en prose d'Alphabet comme en ceux des Cahiers nous permet de comprendre mieux, c'est qu'ici l'ébranlement affectif ne se refoule pas, mais au contraire remonte à la surface du texte que d'une certaine manière il informe. Et l'on ne peut que songer à l'aveu de Valéry, dans une lettre inédite de 1934 : « Il me semble d'être un stylet qui aurait envie de pleurer. Certaines choses que j'ai écrites sont de cette arme à larmes. » Il se peut bien que la figure de l'Ange soit une fiction comme la Parque elle-même : la figuration est d'un tout autre ordre. Non pas seulement parce que le surnom donné par Degas laisse se dessiner en toute transparence derrière lui la figure de l'écrivain, comme Catherine Pozzi se profile derrière les noms de Béatrice ou de Karin. Mais parce que, dans les pages privées des Cahiers, l'éloignement que parfois entraîne l'écriture de soi ne refoule pas l'intime, mais au contraire le met en œuvre.

Une seconde inflexion se dessine quand se fait jour certain désabusement que l'approche de la Seconde Guerre accroîtra — et désormais dans les Cahiers la fréquence des poèmes décroît. De cette évolution, il est impossible de dater le commencement qui ne se marque que par des signes d'abord imperceptibles — dès 1925, sans doute — et qui peu à peu dessinent un infléchissement plus lisible. Point ici de rupture comparable à celle des premières années vingt, mais, insensible, l'approfondissement d'un mouvement qui lentement conduira au délaissement du monde et de sa sensualité, et à une ouverture croissante à la méditation. Que celle-ci soit partout présente sous la forme de l'analyse ou du retour sur soi, l'évidence s'en impose assez vite — et assez fortement pour définir sans doute l'un des traits majeurs du poème en prose valéryen, et dire une fois encore quels glissements d'écriture il accueille. Et la forme la plus accomplie de cette méditation est venue très tôt s'établir aux marges d'une métaphysique où s'exprime un mystère d'être soi que Valéry cherche à dire comme il cherchait à circonscrire celui de l'éveil ou de l'aube. Songeons à un beau poème du début du siècle, l'un des quelques « nocturnes » des Cahiers : « Il est des moments de calme et de lucidité, dans la nuit avant tout sommeil, par une lumière indirecte où, tant le vide est pur, tant la transparence complète, tant l'on y voit net et tant un objet particulier manque à la vision, que l'intelligence s'étonne de se trouver (par intervalles) à tel instant de la durée plutôt qu'à tel autre, et s'il lui vient une pensée moins simple que le sentiment de son existence, elle s'en détourne comme d'un accident/tâche intermédiaire pas au point/pour revenir à son miroir » (p. 83).

Mais dans l'entre-deux-guerres, et dès les années

vingt, la méditation prend une forme et une tonalité nouvelles, et Valéry dès lors place de plus en plus souvent en marge de ses textes — poétiques ou non — le sigle « *Thêta* » sous lequel il rassemble les pages liées à la religion ou la métaphysique. La « *Crise de l'esprit* » dont depuis longtemps il s'inquiète dans une Europe qui sous ses yeux court à sa perte — elle « *n'aura pas eu la politique de sa pensée* » (*Œ.II.926*) —, plus tard la souffrance affective née de la dégradation de ses relations avec celle que les poèmes ne nomment pas, Jean Voilier, la certitude explicitement énoncée, enfin, de « *devoir périr* » à coup sûr ont compté dans cette lassitude traversée de sursauts. Mais l'inquiétude intérieure s'accompagne d'une réflexion spirituelle de plus en plus présente dans les Cahiers, où l'interrogation de l'écrivain agnostique redéploie ses questions autour d'un Seigneur et d'un Dieu dont la présence en creux se fait de plus en plus sensible : « *Pourquoi n'y a-t-il point de Dieu ? Pourquoi des sommets de la détresse et des abîmes de l'abandon, ne viennent pas des messagers certains ? Nul signe, nul indice. Personne n'entend ma voix intérieure* » (p. 154).

Une méditation métaphysique sur la Création, l'Éternel, le mystère du visible et de l'invisible se déploie et se reprend de loin en loin, marquée d'une tristesse diffuse que la guerre vient exacerber, pour offrir une vision du monde peu à peu dépouillée de sensualité, épurée et comme dramatiquement esthétisée comme en ces lignes de 1940 : « *La pensée de* ce qui est *empoisonne* ce que je vois./*La beauté du soleil et de la mer font souffrir.*/Car il faut souffrir — *et le beau doit y travailler aussi* »

(p. 230). Un travail de la négation s'opère ainsi dans les poèmes en prose de ces dernières années, qui désormais semble éloigner ce qu'un être replié sur sa propre pensée ne considère plus comme sien. L'ivresse de l'Esprit qui figurait toutes les potentialités de l'intelligence devient l'aléa de ce que l'on ne domine plus — une pensée comme tirée au sort —, et la distance s'accroît entre le Moi et sa pensée, le Moi et son être de chair, le Moi et le Monde enfin. Ce qui se laisse alors définir peu à peu, c'est une manière de conscience pure et détachée — « Être, tu n'es plus Moi », note Valéry en 1940 (p. 229) — comme s'il s'agissait finalement d'accomplir cette rêverie d'assomption finale que lui-même nommait son mythe : « En somme — je cherchais à me posséder — Et voilà mon mythe — —/Me posséder… pour me détruire — je veux dire pour être une fois pour toutes » (C.XXIII.289). Et c'est pour une part encore le fantasme de l'Ange — celui d'un Moi devenu tout à fait pur et délié de tout.

Cette religiosité diffuse qui traverse alors les derniers Cahiers, rien ne la rend mieux sensible que la tonalité biblique que revêtent parfois les poèmes — jusqu'à la parodie de l'Écriture. Et l'on ne s'étonne pas que les psaumes deviennent plus nombreux. Depuis longtemps déjà Valéry use assez librement de cette forme — ou plutôt de ce titre qui s'affiche au-dessus de méditations finalement très diverses. Si une unité cependant se dessine dans les dernières années, c'est que le psaume trouve une cohérence neuve dans cette spiritualité retenue, et que sa prose versifiée contresigne le glissement de tous les poèmes à une écriture plus déliée. La densité qui avait longtemps permis de saturer le texte de sensualité, comme si l'épaisseur vivante des choses devait se retrouver en lui, cette concentration de saveur disparaît peu à peu pour ouvrir à un allongement de la phrase, une ampleur presque rhétorique, parfois un peu déclamatoire, qui ne congédie pas la poésie, mais vient l'ouvrir plutôt à une sorte parfois de lenteur majestueuse, parfois aussi à une retenue qu'on dirait apaisée si elle ne recouvrait une sourde angoisse : « "Ne me laisse pas seul" dit mon esprit à mon esprit —/Lis, défends-moi contre moi-même — fais un raisonnement, un calcul qui t'occupe — —/Défends-moi contre le désordre et le pire que j'engendre —/Contre le vrai — — La vérité est toujours terrible. La certitude est inexorable. Ne regarde pas par la fenêtre qui donne sur la nuit » (p. 222).

Quand la mort suspend l'écriture des Cahiers, quelques-uns seulement de leurs poèmes en prose ont été livrés au lecteur, mais la comparaison de la version privée et de la version publique n'est pas indifférente puisqu'elle nous permet de mieux approcher leur esthétique — à défaut d'une poétique qui ne fut jamais écrite. Il arrive sans doute que Valéry, au moment de préparer ses recueils, prenne prétexte d'une phrase, d'un fragment ou d'une simple notation pour rédiger à nouveaux frais une page que les Cahiers n'accueillaient pas, ou bien seulement qu'il continue ce qui ne s'était qu'amorcé. Le plus souvent, cependant, relisant les poèmes qu'il a fait dactylographier, il se contente de retouches mineures, sans chercher en particulier l'artifice d'un legato qui effacerait, par exemple, la juxtaposition de phrases nominales : tout se passe comme s'il refusait à ces textes le patient travail qu'il exige du vers, pour entr'ouvrir au regard du lecteur l'atelier même de cette poésie brute. Les nombreux manuscrits d'Alphabet, cependant, nous apportent la preuve que le poème en prose est également susceptible d'une lente élaboration et d'une reprise attentive, et l'on aurait donc tort de croire trop rapidement que sa forme s'inscrive toujours au versant le plus spontané de l'écriture. Le partage sans doute est ailleurs : entre un poème en prose qui, dans Alphabet par exemple, vise à devenir une œuvre, et un autre qui doit être laissé à l'essentiel de son premier mouvement. Or un tel partage traverse également les Cahiers bien que la majorité des textes s'y improvisent : « L'homme de verre », par exemple, connaît deux versions successives (p. 77 et 86), et surtout Valéry, en ses toutes dernières semaines, fera de « L'Ange » le plus accompli de ses poèmes en prose. Et dès lors enfin que certains papiers retrouvés dans ses dossiers sont des esquisses de notes ensuite reprises et développées dans les Cahiers, rien n'interdit de penser que certaines des pages les plus dominées qu'on va lire — et dont la graphie est souvent plus soignée — soient plutôt la réécriture d'un premier état dont le brouillon s'est perdu.

Lorsqu'il reprend en 1933 dans les Inspirations méditerranéennes de Variété le poème « Nage » (p. 146), Valéry note à son sujet : « J'en ai fait une manière de poème, un poème que j'appelle involontaire, car il n'a pas été jusqu'à se former et à s'achever en vers. Mon intention, quand je l'ai fait, n'était pas de chanter l'état de nage, mais de le décrire, — ce qui est fort différent, — et il n'a effleuré la forme poétique que parce que le sujet par lui-même, la nage toute seule, se soutient et se meut en pleine poésie » (Œ.I.1090 sq.). La référence au vers qui eût achevé le poème ne peut ici surprendre : c'est le sens même de la poétique que Valéry n'a cessé de défendre publiquement — et la présente « poésie brute », dans cette perspective, n'est qu'un avant-texte à parfaire. Mais un jugement si tranché ne peut convaincre. Assurément, on pourra lire ici nombre de textes qui portent toutes les marques, syntaxiques ou formelles, de leur premier mouvement et, loin de viser à l'achèvement, cherchent l'immédiate transcription d'une sensation ou d'un état. D'autres, pourtant, n'appelleraient que de rapides retouches pour sembler finis, et quelques-uns paraissent immédiatement accomplis. Simplement Valéry touche à l'essentiel lorsqu'il qualifie de tels textes d'involontaires — et ici se resserre certainement la différence avec le vers. Lorsqu'il ébauche La Jeune Parque en 1912, le poète compose par fragments sans savoir aucunement encore le sens — orientation et signification — que prendra le poème cinq ans plus tard quand ses fragments auront été retravaillés, rejointoyés. Le vouloir-faire, en ce cas, précède le vouloir-dire, et c'est la fonction du travail, élevé par Valéry au rang de valeur, que de permettre à l'un de rejoindre l'autre. Tout l'involontaire du poème en prose est bien alors dans cette rupture d'avec le vers, dans cette concomitance immédiate et du dire et du faire, si peu séparables que la retouche ne peut être ensuite que minime.

La diversité de ces textes en procède, qui peuvent prendre la forme de la plus fugitive notation, de la méditation plus surveillée, ou du poème écrit, mais plus rarement, dans le loisir que l'écrivain visiblement choisit de s'accorder. Deux régimes d'écriture en effet se découvrent, entre lesquels tous glissements bien sûr sont possibles, et qui visiblement procèdent de la disposition présente du poète : d'un côté le travail du fragment — fréquent dans les premières années, lorsque le requièrent surtout des réflexions abstraites —, où il semble s'agir de saisir au plus près, sur le vif, l'immédiateté de ce qui advient; de l'autre le poème plus continu et visiblement composé, écrit parfois aussi dans une sorte d'après coup — on peut le supposer — pour garder mémoire de ce qui soudain a compté : ainsi du «frisson primitif» ressenti à voir, dans une église, les communiantes revenir «toutes jointes et fermées» (p. 102); ainsi des quelques récits de rêve dont tout porte à croire qu'ils se sont écrits très au-delà du premier souvenir préservé à l'éveil.

On ne saurait donc trancher hâtivement de l'inachèvement. Il ressortit certainement pour une part à une rapidité qui n'interdit pas la plus éclatante écriture, mais vient aussi bien signifier, et plus profondément, l'incertaine approche de ce qui ne saurait autrement se dire que dans l'authentique refus d'un travail qui viendrait recouvrir et masquer l'authenticité de ce qui fut d'abord éprouvé. Dans cette exigence de disruption, dans cette juxtaposition, parfois, qui épousent la pure discontinuité de ce qui est perçu, se resserre alors pour une part essentielle l'esthétique du poème en prose. Mais les textes *les plus accomplis, et si l'on veut achevés, maintiennent cependant une seconde différence dès lors qu'ils échappent à cette conséquence de l'achèvement dont Valéry voulait qu'il effaçât les indices du travail supposé par sa fabrication, mais aussi toutes les traces de la personne même qui s'y était livrée — et dans une conférence à la Société française de Philosophie, il avait fortement affirmé la nécessité «que l'œuvre, ce médium, ne puisse apporter à celui qu'elle touche de quoi se réduire à une idée de la personne et de la pensée de l'auteur[1]». Si cette perfection efface l'artisan, tel est alors le véritable inachèvement des poèmes qu'on va lire : ce que dans l'après coup d'une publication posthume ils disposent sous nos yeux, c'est la fabrique d'une œuvre privée. Il ne saurait bien sûr s'agir — lecture justement réductrice — de les réduire à une idée de la personne et de la pensée de l'auteur. Mais on ne saurait néanmoins oublier qu'ils ne cessent de moduler sous nos yeux la présence sans apprêt de cette personne et l'entière liberté de cette pensée. Car c'est là le renversement qui permet de découvrir dans ces pages de poésie brute, selon la formule dont Valéry qualifiait lui-même ses* Cahiers, *des «contre-œuvres» et des «contre-fini» (C.XX.678). Sans trahir leur naissance, il nous appartient désormais de les accueillir comme une œuvre.*

Michel Jarrety

1. «Réflexions sur l'art», in *Bulletin de la Société française de Philosophie*, Colin, 2 mars 1935, p. 63.

NOTE SUR L'ÉTABLISSEMENT DU TEXTE

Il est difficile de définir ce que pourrait être le corpus complet des poèmes en prose des *Cahiers*. À plusieurs reprises, en 1908, en 1921, puis une nouvelle fois à partir de 1935, Valéry entreprit le classement des notes des *Cahiers*. Des dactylographies furent établies, qu'il rangea sous diverses rubriques : « Ego », « Ego scriptor », « Éros », « Thêta » — où furent réunies toutes les pages liées à la métaphysique et à la religion —, « Littérature », « Philosophie », etc. Intitulé *Poèmes et PPA*, un dossier fut alors ouvert où il rassembla la plupart des poèmes en prose, les rarissimes poèmes en vers des *Cahiers*, et de simples fragments poétiques qui parfois n'excèdent pas une phrase. Ce dossier dans lequel il a parfois puisé pour les quelques publications dispersées que j'évoquais en préface n'est cependant pas exhaustif. En premier lieu parce que certains poèmes ont été classés dans d'autres dossiers — « Éros » et « Thêta » le plus souvent, mais également « Ego ».

En second lieu parce qu'une part importante des poèmes qu'on va lire n'ont pas été retenus par Valéry dans son classement — c'est en particulier le cas de certains Psaumes ou PPA — sans que l'on puisse donner de cette exclusion une explication vraiment convaincante : on peut certes présumer une certaine négligence, penser que certains poèmes ne firent pas l'objet de dactylographies à classer, ou considérer que d'autres ne lui semblèrent pas mériter d'être retenus : c'est en particulier le cas des pages qui portent le titre de PPA sans que leur écriture soit poétique. Reste un très probable motif d'exclusion et qui touche à la tonalité de certains textes que Valéry jugea trop intimes — je songe ici aux poèmes en prose nés de la détresse affective de 1922 — ou qu'il put avoir le désir de reprendre pour eux-mêmes : aucun des trois grands poèmes autobiographiques que sont « L'Ange » (p. 151), « La révélation anagogique » (p. 217), et « Station sur la terrasse » (p. 236) ne fut classé par Valéry dans les *Poèmes et PPA*.

Ce dossier, il m'a tout naturellement semblé nécessaire de le reprendre ici dans sa totalité puisque c'est le jugement de l'écrivain sur la poéticité de ses textes qui s'y affirme clairement et permet une approche plus précise de ce qu'il définissait lui-même, de manière parfois singulière, comme poème en prose : on reconnaîtra tous les textes de ce dossier à la mention *Poèmes et PPA* que j'ai portée juste après la référence et la date du *Cahier*. Mais à ce premier ensemble j'ai ajouté toutes les autres pages qui me semblaient répondre aussi bien à cette définition, et j'ai en particulier retenu tous les psaumes. Quant aux *PPA*, le plus raisonnable m'a semblé, je l'ai dit en préface, de n'offrir ici que ceux qui ont une vraie dimension poétique, fût-elle fragile ou marginale pour quelques-uns d'entre eux.

Si j'ai tenté de préserver à ce choix une certaine rigueur formelle, on verra cependant que je me suis interdit d'adopter des critères trop étroits : dès lors que le recueil qu'on va lire vise à offrir au plus large public possible des textes méconnus quoique souvent éclatants, il était sans doute préférable de pécher par une libéralité parfois généreuse plutôt que par une trop étroite acception de cette forme finalement assez large et diverse qu'on nomme poème en prose : j'ai ainsi retenu des textes très brefs ou inachevés parce qu'ils appartiennent à mon sens de plein droit à ce qui poétiquement s'invente dans les *Cahiers*, et accueilli — c'est la délicate question des frontières — quelques exemples d'écritures métissées où le poème confine à la prose narrative ou bien analytique. De telles pages montreront au lecteur toute la variété de la palette valéryenne et la part d'arbitraire que l'on est contraint d'accepter lorsqu'on inclut ou qu'on exclut des textes qui génériquement relèvent de l'indécidable. Mais j'ai écarté des fragments qui se situent clairement du côté de la prose narrative telle qu'on la trouve par exemple dans les *Histoires brisées*, ainsi que d'assez nombreux passages de prose abstraite à tonalité parfois poétique qui revêtent la forme dialoguée très familière à Valéry et qu'on retrouve, par exemple, dans *Eupalinos*, mais qui ne répondent pas à l'appellation de poème en prose et que Valéry d'ailleurs n'a pas retenus dans son dossier. J'ai écarté enfin de rares fragments qui portent le titre de « Poème », de « PPA », ou de « Psaume », mais ne font guère qu'offrir un *sujet* que l'écrivain aurait pu développer plus tard. De telles notes, souvent obscures, auraient rompu sans bénéfice la cohérence de ce volume, et sans doute dérouté par leur nature non poétique.

L'édition du C.N.R.S. proposant le fac-similé des *Cahiers* manuscrits, je me suis attaché à transcrire le texte de Valéry aussi fidèlement que possible. J'ai naturellement respecté la ponctuation, et me suis borné à ajouter quelques rares virgules là où elles étaient nécessaires à la compréhension, en particulier lorsque Valéry — c'est fréquent — les omet en fin de ligne, comme si le passage à la ligne valait ponctuation. J'ai d'autre part uniformisé les points de suspension, qu'il limite le plus souvent à deux. J'ai enfin respecté, pour les textes de prose versifiée, son usage parfois erratique de la majuscule en début de ligne, et l'emploi fréquent des tirets, qu'il est cependant assez difficile, en fin de phrase, de distinguer toujours du simple point.

La question de la disposition est beaucoup plus complexe. Quand Valéry déploie son texte — sur la totalité de la page ou non — sans aucun souci de mise en espace, je l'ai transcrit sans chercher à reproduire la disposition du *Cahier*. Lorsque visiblement le découpage des lignes, précédées ou non de majuscules, répond à un souci délibéré, j'ai veillé à le conserver. D'autre part, afin de ne pas alourdir la lecture, j'ai restitué sans le dire la plupart des mots abrégés, et intégré au texte les ajouts qui syntaxiquement y trouvaient leur place naturelle. Quand Valéry par contre ajoute un mot ou fragment de phrase sans rayer ceux auxquels ils pourraient se substituer, je les place à la suite, entre barres obliques : //. La référence, enfin, de chaque poème renvoie à l'édition des *Cahiers* du C.N.R.S. (1957-1961), puis, lorsqu'ils sont parus, aux volumes de l'édition typographique que Gallimard publie depuis 1987 sous la direction de Mme Nicole Celeyrette-Pietri (les chiffres sont alors donnés en romain).

Une fois encore, Mme Florence de Lussy, Conservateur des manuscrits de Valéry à la Bibliothèque nationale de France, m'a chaleureusement apporté le concours de sa compétence. Je suis heureux de lui dire ici toute mon amicale reconnaissance.

M. J.

POÉSIE PERDUE

…Des milliers de souvenirs d'avoir senti la solitude et souhaité avec rage la fin des mauvais temps ou de la pensée.

Peut-être ne laissera-t-il qu'un amas informe de fragments aperçus, de douleurs brisées contre le Monde, d'années vécues dans une minute, de constructions inachevées et glacées, immenses labeurs pris dans un coup d'œil et morts.

Mais toutes ces ruines ont une certaine rose[1].

I, 4 (I. 48) [1894]

La Merveille

Voir la merveille :

Eaux se mordant, se roulant, éclatant, irradiations (de quoi ?), gyrations, grande douceur des chutes, cascades de corps qui jouissent, perpendiculaire ciel, fumées, sommets, morceaux de brume et leurs cassures planes, noyades, descentes, production et culture de sourires, épaules nageant ; la Science songée par un poète stupide et puissant : le cadre d'une porte où reposent d'autres chambres vues qui communiquent, marcher sur le haut des herbes ; s'accouder au feuillage, la pénétration. Agir comme seul, ou ronfler. Les accords. Les escaliers tournants.

I, 41 sq. *(I, 85) [1894]*

Le mélange.
J'ai pensé à des choses chéries, fondantes
      à Cauchy, à Faraday
      à l'art de construire
      à des mélodies se mêlant elles-mêmes
      au mouvement des bateaux
      à la salle, à l'orchestre et à la Scène de
      l'Opéra, dessin si psychique
    • la lune, là, comme une bougie[1]

I, 62 (I, 109) [1894] Poèmes et PPA

Il dormait un Sommeil
plein de liqueurs tièdes
d'humeurs mouvantes, fluides
de molles couleurs
— écoutant comme dans la Terre
le son éloigné, plan, du

Sang continuel coulant,
écoutant comme un mur.

*I, 178 (*II, 32*) [1898-1899]*

☆

La mer, pour moi, impression des narines et des
poumons, espace, dressement des vagues, boisson
aérienne, grandeur, odeur immense et hérissée, arbre
odorant et gros, aéré.

Air hérissé.

*I, 214 (*II, 75*) [1898-1899] Poèmes et PPA*

☆

Une tendre richesse délaissée, troublée comme la
vue de l'or dans l'eau m'a laissé voir sa rougeur pri-
mitive au fond d'un souvenir.

*I, 214 (*II, 75*) [1898-1899]*

☆

Tordue est la chose dure, douce et chaude, (la fille)
Polie et mouvante, lance l'air qui brûle
Terre entière qui se lève, et me porte
Étendue fraîche, étendue tiède, forme qui devient
nouvelle sous la force —
Voyage immobile, tendre au bas, du sommet aigu
Pierre exquise, pour boire.
Idée d'être proche, désir de briser, soupir pour se
fondre

Et ne pas… Soupir, souffle et idée !
Étreinte toute du bien et du mieux, lutte qui se gonfle,
Mélange ; seul, on redevient ; seul, on s'élève
Seul on ne pense plus, seul on veut, seul on est.

I, 222 (II, 84) [1898-1899] Poèmes et PPA

Automne —
Terre trempée, boue à flaques très pures ; d'admirables déchets et dépouilles partout sur l'eau et les terrains.
Air délicieux, net, lisse, profond, aigu.
Sveltesse générale, vapeurs au fond, poids transparent du ciel.

I, 283 (II, 150) [1898-1899] Poèmes et PPA

Oiseau posé entre
trois feuilles ; un petit bruit
au crépuscule, par moments —
n'existe qu'à ces moments —
S'entend, comme douleur[1].

I, 290 (II, 158) [1898-1899]

Pentecôte[1]

Iris — blanc — penché — gras de gouttes de pluie — gonflé — lourd — de couleur délicate — — avec le cortège vert pur et le sol de terre noire — son étoffe trempée, — son attitude sérieuse, vraie, pure, venue de la plus haute noblesse terrestre, — calme, fraîcheur évidente, ordre et dessin, combinaison arrêtée, non jalouse — comme drapée, pouvant subir diverses influences sans honte, — bijou mol et plein d'eau douce —

I, 334 (II, 205 sq.) *[1898-1899]*
Poèmes et PPA

Et puis… il y a un moment — où tout ce qui est le plus certain — les bases mêmes de l'être vacillent — palpitent — comme —
comme un décor de toile qui va s'enlever
comme un voilier qui sent le vent et bouge autour de son ancre
et puis la connaissance devenue tremblante et
l'*encens* de la vanité —
analyser cela[2].

I, 339 (II, 212) *[1898-1899]*

Force — promesse d'éternité, — et certitude de mort.

Le ciel irrégulier de nuit — étourdissante ! —

tas de problèmes jetés — et d'éléments tels qu'on les peut grouper un peu comme on veut.

I, 339 (II, 212) [1898-1899]

Nuit. Une immense Chose/objet/obscure et silencieuse. Et dans elle, — des myriades faibles, un duvet de lueur, et de bruits légers.

Travail de tous ces insectes ? qui percent, vrillent, scient, usent la nuit.

Une nuit, un nocturne — mais vraiment étouffé — et avec ses millions de nuances noyées et distinctes — la lueur stellaire — venant de partout si *universelle.* Le calme grossier, le silence général, le vacarme uniforme des bestioles. Le vent tacite, la suspension des feuilles qui sur moi fait un si grand effet, l'eau. —

Psychologie de la nuit.

Aggravations. Sommeil

les bords fondants de la nuit.

Éclairs — immenses

changements blêmes.

I, 342 (II, 216) [1898-1899] Poèmes et PPA

Oreille

C'était un homme doué de la plus grande sensibilité d'oreille et qui en vivait.

Mais la musique, la poésie l'horripilaient.

Les sons lui paraissaient ennuyeux. Les bruits le charmaient. Les voix troubles, les cris des portes, les chutes des sacs à terre, le froissement du papier, le piston du souffle, et surtout le magnifique et délicat pas des animaux et de l'homme, ébranlement riche, touffu — plein de choses —[1]

I, 497 (III, 373) [1898]

Malade

Après la nuit infinie, baignée, et la bouche horriblement sèche, la douleur promenée, le désespoir à mille formes, la colère sans force —

le matin paraît, d'abord triste, livide comme un grand changement sans amélioration.

Puis le réveil encore maussade s'accuse, une sorte de confort fragile et endormi se donne. Ne pas changer de place, ne pas chercher d'être mieux.

De petits plaisirs se rendent possibles. Un abêtissement instable et doux — un ennui que suspend la menace. L'après-midi s'allonge, s'enfume ; déjà le foncé revient. Une lassitude recommence. Une activité terrible et masquée se prépare. L'aggravation noc-

turne reparaît, fièvre obscure — éclairs de sueur —
terreur.

I, 498 (III, 373 sq.) [1898]

Street [1]

Assemble la saveur de l'homme — pense, en mar-
chant, voici le ciel et le toit ; voici le toit et les vitres ;
les vitres et les arbres ; le soleil, et des hommes
effilés/dépouillés/émondés/ (des figures grises), des
visages gris de dames, glissant parmi des voitures
plates, entre les miroirs et les roues de feu. Une délicate rue, falaise d'ombre bleue aux balcons/velou-
tés/de velours se déplie, et noyés par le pur sol
immense, qui les emporte, et d'où une lumière égale
remonte et les inonde, les hommes et les femmes, ou
leurs groupes roulants, se défont et se refont et flot-
tent, traversant la vue des jardins, se fondant et se dis-
tinguant/divisant/au soleil. Le ciel court, le drapeau
montre le vent, bien droit et tendu ; la forme continuelle dorée et simple, évidente, d'une rivière, est là,
eau silencieuse et la population.

I, 498 (III, 374) [1898]

Nuit du 10 octobre 98

… Et maintenant, tu pars.

Déjà voici la fonte de la ville entière qui se défait

dans l'eau et voici travailler/s'émouvoir/et rouler les unes sur les autres/s'effiler/les grandes images colorées de la terre, la fumée des champs, des plaines emportées, les contours des terres, et des sables, les morceaux verdâtres, voici enfin sur le dernier fil de la mer pendre la dernière montagne comme une grosse goutte bleuissante et qui tombe dans une vague dressée.

*I, 505 (*III, 371*) [1898]*

P.P.a   C K[1]

Quand l'être est tourné vers le mur sur son lit[2] et qu'il regarde la *Vérité*, c'est-à-dire une population ineffable de hasards d'idées et d'images de rencontre — quand l'obscurité le dégonfle et libère dans une faiblesse implacable tous les ressorts de son esprit — alors il se comprend et se figure lui-même comme une scène, une page, un lieu de faits *sans nécessité* et *sans arbitraire* (α) ; mais cette intelligence suprême et invalide du moment, ne sachant durer, il attribue de nouveau tout de suite à quelqu'un de ces spectacles plus de valeur qu'il ne faudrait, il ne voit plus le *défaut* de l'armure des suites de phénomènes, le scandale transcendant de la succession des idées — c'est-à-dire qu'il pénètre dans le sommeil en transformant ainsi son état de pensée tel, en songe.

Et le demain bandera de nouveau ces ressorts avec

sa pression puissante et sa critique colorée vigoureusement.

(α) 1. À la place de A il pourrait y avoir B ; et au lieu de B, A.

2. Mais si je mets B au lieu de A je conçois peu que je le mets indifféremment, je doute de mon arbitraire dès que j'ai douté de ma nécessité.

I, 613 (III, 244 sq.) [1899]

Traduction de — moi —
Délicieux pays, îles de roche bleue sur la mer — finesses infinies et éloignées — que je vous aime, ce jour !

mais, d'être comme jadis, en vue de vous — ne me tente pas,

je sais que devant mes yeux — si vous renaissiez, ô pures, je penserais à autre chose.

C'est maintenant que vous êtes belles.

I, 688 (III, 270) [1899] Poèmes et PPA

Campagne

Blancheur d'amande — l'air mouvant parmi et sur le rugueux et le poli de l'arbre — le nu de la feuille glacée, de la flaque d'eau, la lumière sur le terrain, petits morceaux durs, mottes spongieuses, langues de sable —

La machine fruste, odeur, bouffée d'un arbre qui éclate, nue, mise en place de chaque eau et de chaque herbe — circulations, agréments, idées en viennent, marche.

I, 722 (I, 303) [1899]

Le soleil fond et se liquéfie, se déverse sur les dômes et les tuiles, dans un marécage magnifique de toits abondants,

        dans un abondant marécage de toitures magnifiques.

I, 722 (I, 303) [1899] Poèmes et PPA

Le fleuve, long poil, cheveu de verre —
le ciel/air/tout velu, de lueur, de lumière = ciel lion morceau d'ambre —
large goutte — sucre dans l'eau
à midi, meule rayonnante,
le soir, un feu sur lequel du sucre fond dans l'eau.

I, 725 (I, 305) [1899]

Nous buvons le passage délicieux. Nous voyons la clarté tachetée faire sourire au hasard, toute personne ; fuir sur un visage de femme hâtive qui glisse et se brode parmi les voitures minces, entre les roues de feu. Une pâle rue, falaise d'ombre tendre aux balcons veloutés, se suspend, abrupte, là, à un ciel légèrement velu de lumière ; et devant nous, noyés par le pur sol immense d'où remonte le jour, les passants sont venus, nous ressemblent, et se diviseront au soleil.

Nous écoutons, d'une oreille délicate, le mélange du bruit de la rue ample, pleine des nuances abondantes du pas des chevaux touffus et de l'homme interminable, qui anime vaguement les profondeurs, leur faisant gronder comme en songe une sorte de nombre confus dont la grandeur tremble et imite les marches, la mue opulente du monde, les transformations des indifférents les uns dans les autres, la présence générale de la foule[1].

I, 728 [1899] Poèmes et PPA

Lit

Lit, Horizon de délice et de douleur —
avec ses masses blanches suspendues — son profil d'ombre écrue.

I, 731 (I, 311) [1899]

Mahmoud s'étendit sur le dos sur le sommet étroit du mont et il vit et il pensa :

Et il voulut fortement connaître la loi et le principe, et il les devint.

Il regarda des yeux le haut du ciel et en même temps toutes les formes dans son esprit.

Toutes les formes et un seul soleil —

Tout ce qu'il voyait entrait en vie dans son esprit et mourait au-delà.

Tout ce qui entrait dans son esprit prenait le mouvement et la force et prenait une force propre.

Tout ce qui naissait dans son esprit prenait la couleur de la lumière régnante et l'intrépidité du rayon qui arrive.

[Et il dit : je suis la loi du réel et la lumière.] [1]

I, 735 (I, 314) [1899]

Ce matin, rare disciple d'Orphée[2], je revois quelques matins du midi. Je meus le ciel de jours poètes : je revois le désir de mesurer toutes idées comme les vers ou la musique et la terre. L'analogie guide et égare. Aux Enfers arbitraires ductile se perd, non sans espoir.

II, 97 (IV, 64) [1900]

La lumière universelle
Tire du ciel vaporeux

D'immuables étincelles
Pour les déserts bienheureux
Par une splendeur seconde
Le ciel tranquille féconde
Toutes les formes du jour
L'arbre éclate, se balance
Et jusque dans le silence
Remue un sonore amour

*II, 113 (*IV, 80*) [1900-1901] Poèmes et PPA*

Étoile.

Au ciel uni mat bleu sombre, à corps noir, — quelque chose infiniment douce, vive et élevée perce — accompagnée d'éclat, de distance, de pureté, pénétration, finesse, isolement — *présences* —

*II, 186 (*IV, 159*) [1900-1901] Poèmes et PPA*

Hasard :

Si le bois serpente, et que la rivière d'un trait d'argent l'use, trop aigu pour les sens, le cri, une élégante lumière dispense, épouse de tous bosquets[1], le reste, restreint, d'air et terre, rocs par éclairs, effeuillement, ensemble et douceur.

*II, 191 (*IV, 164*) [1900-1901]*

Automne — tu donnes l'idée de l'objet incorruptible que l'on voudrait être.

Une chose d'or dans un air froid, un achèvement aigu, le sentiment que la lumière n'est pas ce que l'été avait fait croire — l'avenir qui se sent souvenir, un grand changement comme statue et figure de tous changements ; — horripilent — — me traversent.

II, 269 (IV, 241) [1901]

T.2¹... Maintenant, — je m'assoirai ici... Que de profondes étendues — quels espaces et combien d'heures gonflées je sens et j'attends — là — dans cet empire de mots et de méditation, le mien — puisque j'ai horreur du commun et de ce temps. Je m'assoirai — et derrière un pli de mépris, je me donnerai un lac unique sur lequel errera cette volonté cachée.

Je réapprendrai la paresse. Leur agitation est si niaise — leur besoin de se pincer pour être.

II, 332 (IV, 305) [1901] Poèmes et PPA

Sur l'arbre de chair chante le minime oiseau spirituel.

II, 397 (IV, 370) [1902] Poèmes et PPA

Offrande et Sacrifice. Consommation — Destruction — Loi générale vue, et puis rien.

Seigneur Inconnu — voilà tout ce que j'ai pensé, voilà le point de ma vue, le cercle de ma hauteur — l'univers que j'ai établi de mon mieux. Ô connaisseur, juge ton singe. Ce monde n'est pas infiniment relié, mais j'ai dans le tien recherché quelques liaisons nouvelles. Il nous enseigne ta présence et ton absence — Souffle maintenant sur la tentative. L'oubli qui est une loi, s'applique — Je ne puis même pas considérer le total de ma propre pensée.

II, 669 sq. (V, 193) [1902] Poèmes et PPA

Parmi l'arbre[1] et l'arbre
Mû selon la peur ou la soif
L'animal se répète
Par la course
Et s'annule.

II, 727 (V, 247) [1902]

Sur la terre et le dos et le crâne[2] — Loin d'eux, sans habitation que le ciel, sans domicile, sans effort ni tâche — autre que la lumière dans la hauteur, je sens avec délices que je pense et je laisse d'abord que la pensée se délivre, prenne tout à coup son corps magnifique et sans mesure, sa voix si juste.

II, 728 (V, 248 sq.) [1902]

Tout le temps n'est qu'un léger défaut dans le bloc éternel[1], comme tout l'univers n'est qu'une bulle dans la pureté générale de l'espace.

L'univers n'est qu'un oiseau dans l'étendue.

II, 732 (V, 252) [1902] Poèmes et PPA

L'univers n'est qu'un geste enveloppant et dans l'intérieur de ce geste — toutes les étoiles.

II, 756 (V, 272) [1902-1903] Poèmes et PPA

☆

Les amusements m'ont ennuyé —
Dans l'ennui, au fond de l'ennui
Une fleur,
Une découverte de couleur claire
Souvent.
Mais trop respirée, trop aimée —
Trop semblable à moi devient-elle
Tourment, devient-elle,
Amère, intense, implacable…
Je recours au plaisir qui ennuie.

II, 853 (V, 354) [1903] Poèmes et PPA

☆

Loin des livres, mais seul au soleil silencieux avec la puissance de l'espace (sinon babillant de l'esprit dès que l'ombre des feuilles m'habille, me couche et laisse que je rayonne et fait que je chante par ce changement simple) les mots nombreux le cèdent et s'éteignent ; j'ai oublié mes savantes paroles. Ailleurs se détourne le fleuve de durée et varie.

Ici, j'aime un arbre. Il porte la mer dans sa tête et la balance. Il se veut égaler à toute la chaleur. Il frémit sans le vouloir autour de sa place. Une feuille pousse à chacune de ses pointes. Il s'éloigne de ses parties, et sa division insensiblement continuée, traduit les masses informes ou profondes ou supérieures en élégantes rames, taches, langues, attitudes, tintements, stature.

Une scène simple et qui sera indéfiniment reproduite. Enfin la plupart des signes, pâlis. De pures propriétés différentes subsistent. Si libre que rien d'obscur ne demeure ni de faux n'est possible, je bois.

II, 894 sq. (V, 379) [1903] Poèmes et PPA

☆

Poème Complet.

Le ciel est nu. La fumée flotte. Le mur brille.
Oh ! que je voudrais penser clairement !

III, 7 (VI, 14) [1903] Poèmes et PPA

Sur les genoux de Terre
Boire le lait tranquille
Et laisser aux feuilles dans le vent
Leur ingénuité — sans soins de
La pensée — Laisser inculte
La chose.

III, 57 (VI, 62) [1903] Poèmes et PPA

Astres aigus — pointes de jour, nombreuses, per-
dues.

III, 65 (VI, 69) [1903] Poèmes et PPA

La divine extrémité des arbres me remue toujours
— m'emporte — et me tord dans *notre* profondeur.

III, 98 (VI, 102) [1903] Poèmes et PPA

« …Ah ! — il n'y a rien eu ! — Rien ne fut, rien
qu'un jeu —, un temps presque vide, presque nul,
une suite d'ébats divers qui finalement se détruisent.
Mais maintenant tout recommence et commence.

Tout à l'heure je m'amusais, mais me voici, je vais

enfin commencer, je m'assemble, je m'unifie. Attention au *commandement*, au signal de penser bien, et de lier ses pensées. Attention au départ et à la ligne droite, attention à la clarté constante, à la pureté des décharges et des transformations, — Unis-toi! deviens comme un tigre, dont tout l'animal se tend et se détend en un seul muscle[1]. »

*III, 147 (*VI, 161 sq.*) [1903] Poèmes et PPA*

Vois l'ombre de la mer/l'onde/que la lune tourmente
Et qui traîne des monts sur sa forme dormante
Les monts coulent toujours
Dans leur ombre.

*III, 382 (*VII, 199*) [1904-1905]*
Poèmes et PPA

3/4 d'heure de promenade grise, à pas lents, abstraite, remuant de la logique et de l'ordre ; le ciel couvert, pourpre, cuivre dans les arbres dont le vert se meurt ici, là insensiblement ; l'or se généralise dans la vapeur toujours un peu plus froide… je me déplace, endormi et suivant des idées claires ; le concept : ce qui peut être attaché à un signe et entrer dans m combinaisons distinctes.

*III, 435 (*VII, 255*) [1905] Poèmes et PPA*

Soumets-toi tout entier au meilleur moment — à la plus grande vertu —

C'est ce moment rare qu'il faut reconnaître comme roi du temps —

Le plus grand souvenir —,

L'état où doit te ramener toute discipline

Et s'il est dû à quelque autre — nie-le et sache-le.

C'est lui qui te donne de te mépriser et de te préférer justement.

Il installe en ton étendue une mesure — des degrés —

Tout par rapport à lui.

Centre de mépris, de ressort, de pureté.

Centre de ressort — masse de mépris rayonnante — lampe de purification[1].

*III, 437 (*VII, 257 sq.*) [1905]*

L'Homme de Verre.

« Si droite est ma vision, si profonde ma sensation, si pure, si maladivement pure ma connaissance et si déliée, — si nette ma représentation ; et ma science si achevée que je me vois et me pénètre depuis l'extrémité du monde jusqu'à ma parole silencieuse, et dès l'informe chose jusqu'au désir se soulevant, le long de fibres et dans des centres, je me réponds, je me reflète, je frémis à l'infini des miroirs — je suis de Verre. »

III, 440 [1903]

« Il avait créé dans son esprit un point tellement lumineux, un foyer ardent d'attention où il se consumait tout entier si énergiquement que tout objet, idée, qui venait là, brûlait instantanément et se réduisait à ses éléments volatils. »

III, 472 (VII, 293) [1903] Poèmes et PPA

Ô conscience, à laquelle il faut toujours et toujours, des événements !

Il suffit que tu sois, et sois éveillée pour être remplie

Toujours tu préfères le hasard au vide et le chaos au zéro.

Tu es faite pour toute chose, et tu fais n'importe quelle chose pour subsister. Et quel monstre que tu fasses, tu veux lui donner une signification, ne pas l'avoir vu en vain… Et invinciblement aussi, tu te divises, tu préfères quelqu'une de tes parties. Tel fantôme sera le roi des autres. Telle parole sera plus puissante. Telle idée plus étendue, plus maîtresse que son instant. — Adieu[1].

III, 742 [1905]

☆

Larmes qui distillent, sourdent, et tombent
Se séparant d'une masse cachée
Par une tension perceptible
Comme le trop plein de l'impuissance
Équilibre de l'inavouable
Et de l'ineffable traversant
Malgré moi, malgré même
l'absence d'appareils pour lui —
(Parler, n'est-ce pas se mettre en équilibre?)

III, 772 [1905-1906] Poèmes et PPA

☆

L'alcool, la fumée de la tabagie, le feu, les lampes
Contre l'humide extérieur et le noir matin
Sont appelés par l'homme — et l'éveillent malgré
brouillard et eaux
    comme ferait un soleil pur, une vue claire et
longue.
    Et là où le Patriarche épouvanté et grelottant
Allumait un Dieu et un sacrifice, las de souffler
Sur les rameaux mouillés, sur un feu impossible
Hermann[1], héritier de toute chose,
Consume sans y penser, les réserves de la terre
Et ne frissonne plus par le vent et l'obscurité pluvieuse
Que savamment.

III, 808 [1906]

Un nuage énorme sur la lune, troubles d'encre et d'argent, masque tordu — qu'entoure le ciel étoilé tranquille, vissé d'astres. Je pense à l'enfantine poésie de chercher mille ressemblances imparfaites de ce nuage, mille chameaux, monstres, contrées — tandis que sa valeur, sa poésie puissante et véritablement *illimitée* est justement au contraire d'être informe, lui-même, inaccessible aux mots, sans images.

III, 818 [1906]

Narcisse, si indépendant qu'il se sent de toute figure particulière, si général dans son cœur, se voit un visage fini, beau, mais entièrement déterminé — Et il trouble le miroir par le bond de sa fin[1].

III, 854 [1906] Poèmes et PPA

☆

« Poème »

Qu'est-ce qui attache l'âme à son corps ? Et quoi peut la tenir de son dieu séparée ; et unir la négation de l'étendue à l'étendue[2] ?

III, 857 [1906]

Et chaudes encor comme des corps vivants, les pierres.

III, 857 [1906] Poèmes et PPA

L'arbre corps énorme entre la finesse de ses principes dans la terre et la finesse de ses conséquences aériennes.

III, 864 [1906] Poèmes et PPA

Billancourt.

Paysage… chimique. Ce soleil — novembre — semble un accident, une expérience particulière. Et l'ensemble des arbres, fumées, diffusion, leur égarement avant de s'évanouir, la Seine — le tout sans signification pour le moi de ce soir — semble un système momentané. La lumière fut telle que toutes choses étaient de la même nature et fragilité. Tout se réduisait à un jeu d'éclairage, un peu de plus ou de moins et tout changeait — comme dans une salle dont toute l'étendue, le brillant, les mille dames est suspendu au gré insensible de celui qui commande la lumière.

IV, 19 [1906] Poèmes et PPA

☆

Si la chance, le moment — de la vue intérieure permettent, peut-être, comme on dédouble une étoile, comme on devine une orbite — ce soir également, de ressentir un *fait* intérieur — un moment important et imperceptible de la pensée — ce rien devenu sensible et qui ne l'est pas généralement — ce vrai non utile — organe sans apparence ni place dans le monde *donné* auquel il travaille —… À la fois c'est un accident de le percevoir, tout essentiel qu'il est, mais soupçonné voici que l'indice, peu de chose, nécessite un bouleversement de ma vérité.

IV, 37 [1906]

Dans le fond de chacun sont inscrits en énormes paroles ses Principes. Ce n'est pas qu'il les regarde toujours, et souvent il ne les a jamais lus tout entiers. Mais il les respecte étroitement et tous ses mouvements intérieurs observent sans jamais faillir, ce qui est là écrit — quoi que la bouche puisse dire. Ni la pensée ni l'acte ne les enfreignent. Là brillent l'orgueil, la faiblesse, la honte de couleur, la peur centrale, l'isolement et l'ignorance fondamentale de tout homme et la bêtise possible est toujours imminente —

Faible dans ce qu'il aime et fort à cause de ce qu'il aime.

IV, 38 [1906]

L'indifférence dorée touche à l'immobilité magique et sa libre lucidité tend vers l'enchantement, sur la fin de l'après-midi. À demi marbre, à demi fumée… Souvenir sans bords, sans balustrade, sans véritables souvenirs, même — La *forme* seule de la mémoire, l'aspiration d'une perspective.

IV, 69 [1906-1907] Poèmes et PPA

Il est des moments de calme et de lucidité, dans la nuit avant tout sommeil, par une lumière indirecte où, tant le vide est pur, tant la transparence complète, tant l'on y voit net et tant un objet particulier manque à la vision, que l'intelligence s'étonne de se trouver (par intervalles) à tel instant de la durée plutôt qu'à tel autre, et s'il lui vient une pensée moins simple que le sentiment de son existence, elle s'en détourne comme d'un accident/tâche intermédiaire pas au point/pour revenir à son miroir. Toute chose lui semble étrangère mais ne pouvoir lui rien cacher, juste pour être seulement superficielle. C'est alors que sa propre mort lui semble indépendante de son existence et d'une nature bien différente de cette clarté générale qu'elle se sent. Tout ce qu'elle sait de l'avenir lui paraît aussi légèrement que sa mémoire en cet état ne lui pèse. Et elle absorbe sans effort l'idée de sa propre extinction, la dissolvant dans sa comédie d'éternité. Puisqu'elle est, pendant un instant, comme éternelle, qu'est-ce donc que les idées de changement, de division, de diminution, de journée et de retour peuvent avoir de commun avec ce singulier moment de permanence qui semble sans échange avec tout le reste de l'esprit et le démontre nul ?

IV, 81 [1906-1907] Poèmes et PPA

Un printemps si léger que je crois me survivre.

IV, 97 [1906-1907] Poèmes et PPA

Paysage.

Des conditions exceptionnellement favorables, inconnues, tempêtes sous d'autres cieux, je ne sais quoi — font ici un calme et une pureté d'œil humains et surnaturels, le sable parfaitement distinct de l'eau du lac sous laquelle il se prolonge sans mélange et demeure visible doré, à partir d'une ligne ; l'eau seule et le reflet d'une barque d'écorce ; l'air. La séparation parfaite de ces substances m'enchante. Un homme en robe blanche se tient debout dans la barque. Un vaste végétal se tord et se redresse sur le sable, élève enfin à la face même du soleil une forte et régulière union de palmes énormes, infiniment déliées. Cette netteté est celle de la plus belle journée de la Création. J'attends sur ce bord les artistes de la première Égypte, Thalès lui-même, et un autre personnage tranquille, pour manger le gros poisson bouilli et mettre ensemble tout ce que nous savons.

IV, 98 [1906-1907] Poèmes et PPA

Ma machine, avec sa pesanteur variable, ses poils, ses liquides lourds, ses coins d'ombre, sa ténèbre sous les étoffes, tout ce matériel de peau et d'yeux, de tenseurs, de pompes, de substances hyalines, de visions, toute cette mécanique sauvage, ses envois de leviers au large, ces pièces qui sont à moi et s'éloignent, se rapprochent — de quoi? Le squelette caché, qui fait mettre un doigt sur les lèvres de chair, ce rien, ce tout, cette origine d'idées et d'êtres nouveaux — ce gouffre de nourriture où s'implante une fumée. Regarde et passe.

IV, 273 [1908]

Soumets-toi tout entier à ton meilleur moment, à ton plus grand souvenir.

C'est lui qu'il faut reconnaître comme roi du temps

Le plus grand souvenir

L'état où doit te reconduire toute discipline

Lui qui te donne de te mépriser, ainsi que de te
préférer justement

Tout par rapport à lui, qui installe dans ton développement une mesure, des degrés

Et s'il est dû à quelque autre que toi, — nie-le et
sache-le.

Centre de ressort, de mépris, de pureté

Je m'immole intérieurement à ce que je voudrais
être[1] !

IV, 358 [1909-1910] Poèmes et PPA

L'homme de verre

« Si droite est ma vision, si pure ma sensation, si
maladivement complète ma connaissance, et si déliée,
si nette ma représentation, et ma science si achevée
que je me pénètre depuis l'extrémité du monde jusqu'à ma parole silencieuse ; et de l'informe *chose* jusqu'au désir se levant, le long de fibres connues et de
centres ordonnés, je me suis, je me réponds, je me
reflète et me répercute. Je frémis à l'infini des miroirs
— je suis de verre[2]. »

IV, 360 [1909-1910] Poèmes et PPA

La conscience semble un miroir d'eau d'où tantôt
le ciel, tantôt le fond viennent vers le spectateur ; et

souvent l'eau mue et accidentée fait une foule de miroirs et de transparences, une inextricable image[1].

IV, 370 [1909-1910]

En regardant — la mer — le mur — je vois une phrase, une danse, un cercle. En regardant le ciel, le ciel grand, nu, élargit tous mes muscles. Je le regarde de tout mon corps[2].

IV, 374 [1909-1910] Poèmes et PPA

Minutes.

— Le vent perce. Le feu craque. Le papier d'or illumine mes yeux. Les coins dorment dans leur noir — Quel est mon lien ?

— Je suis sur la pente. Mes pieds dans un sable descendent ensemble avec lui. Les très jeunes coquilles craquent par mille, tendrement.

Mes yeux démontent dans l'équateur une constellation minuscule[3].

IV, 375 [1909-1910] Poèmes et PPA

… Le jour commence par une lumière plus obscure que toute nuit. Je le ressens de mon lit même : il commence dans ma tête par un calme laissant voir toutes pensées à travers un état pur, encore simples, assoupies, distinctes : d'abord résignation, lucidité, bien-être comme dans un bain primitif[1]. Le matin premier existe comme un uniforme son.

Bientôt, tout ce que je n'ai pas fait et que je ne ferai jamais, se dresse et me retourne dans mes regrets sur ma couche[2]. Cela est fort, tenace comme un rêve, et c'est clair comme la veille. Je sens terriblement le bête et le vrai de ces mouvements. Inutiles, véridiques, sont ces démonstrations fatigantes. Il faut se mettre debout et dehors, dissiper encore une heure dans les rues où s'ébranlent les ordures. Laisser même le supplice — inachevé[3].

IV, 416 [1910]

— Éveillé, dressé dans le noir, parmi l'absence de tout le reste.

Endormi, insensible, au soleil, au cœur de tous les bruits et les fleurs.

IV, 444 [1910] Poèmes et PPA

Je suis comme monté par un cavalier
Sans visage — il me presse contre mes actes —
Il me bat et me retient, il me fouaille
D'événements. Il me brise aux obstacles

Il change de nom, m'arrête à me briser —
Il se moque de mes forces,
Il impose le désordre
Il abuse de mon souffle
Il écrase mon cœur dans sa main
    Je ne puis rejoindre sa volonté
Il me chevauche comme un fou
Je tremble et je cours
Je ne puis me retourner pour le voir — Je ne puis
achever de le voir.
Il échappe aux mouvements de mon intelligence
Oh! Change d'homme...

IV, 449 [1910] Poèmes et PPA

PS[AUME] CLI[1]

Une idée juste m'a perdu
Une Vérité m'a égaré...

*
* *

— Qu'importe, pensais-je, l'écrit?
Vais-je me vider dans la parole?
Elle est infidèle; elle devient étrangère
Est-ce le papier qu'il faut mener au parfait?
Est-ce moi?
Et le meilleur mis par écrit, il ne me reste que ma
sottise

Vais-je annuler tout ce qui me vient, et qui passe
Le pouvoir de l'écrire ?
Le plus délicat et le plus profond, le plus unique,
— Ne dit-on pas *inexprimable* ? —
Le plus fidèle, le plus mobile, le plus vrai, l'instant
Sont-ils pas muets ?
Tous les livres me semblent *faux* —, J'ai une oreille
qui entend la voix de l'auteur,
Je l'entends distincte du livre — Elles ne s'unissent
jamais.

IV, 452 [1910]

Terrasse (Poivriers, citrons qui vont mûrir) tout
entourée de cloches délicates[1].

IV, 462 [1910]

Cloches. Cloches de Gênes./Tan/tï-rïn/Tantam/
…/Tan/… je demeure, l'œil fixe sur la cloche qui à
cent mètres de moi tinte, détourné — et la main arrêtée qui tient la plume prête — à quoi ? — Le vide. Et
seuls l'intention, le besoin, l'instinct, le fantôme
d'écrire — Écrire quoi ? Le mur rappelle à ses losanges,
le regard.

« Je songe à des écritures parfaites. » Et cette enfantine marque d'ennui, — ce procédé primitif de
mettre un bref idéal à l'horizon de chaque instant de

paresse, cette impuissance bizarre à laisser paisiblement une journée se perdre ; et le temps, et l'orgueil, et l'être apparent que l'on est, se ressentir et se souffrir entre eux… tels quels.

Tan/tïrïn/Tantan — Cela chante au lieu de les compter, les heures. Liquidement, avec une *liqueur* infinie tintent ces notes. La grave, les grêles — à tous les étages de l'espace comme si l'air habité de toutes parts s'éveillait, se grattait… s'épuçait, se hérissait des sons qu'il s'est trouvés… animal spatial[1].

IV, 462 [1910] Poèmes et PPA

Monte Fascie — 834 m — sa puissance — couleur de bure — sa descente par plis très larges et très lents — Il domine tout sans s'élancer — Il descend et ne monte pas. Physionomie monastique et militaire. Pas bavard. D'un silence et d'un nu, d'un ras et d'un ton doux sur toute sa masse — qui contiennent, surveillent toute la ville dont il semble écouter tous les bruits et les coqs et les sirènes, cloches, fumées sans répondre jamais.

Faire de ce massif une belle étude topographique. Heureux celui que l'écriture soulage !

L'homme répond de toutes ses réponses, s'exonère par tous moyens. Dessine, peint, — surexcite son dictionnaire.

Pourquoi ce besoin d'expression ? Qui le ressent ?

Communiquer. Faire durer. Fixer. Égaler. Reconstituer —

Les cloches d'en face — Deux sœurs — Maintenant je les connais[1].

IV, 463 sq. *[1910] Poèmes et PPA*

Gênes, ville des chats. Coins noirs.

On assiste à sa construction continuelle — Du 13e au 20e.

Cette ville toute visible — présente à elle-même, continuellement, familière avec sa mer, sa roche, son ardoise, sa brique, son marbre ; en travail perpétuel *contre* sa montagne — Américaine depuis Colomb.

Ennui prodigieux des choses d'art — moindre à Gênes.

Collines coniques, coiffées d'un sanctuaire — vert-sombre.

Hochets roses, petites dents claires, maisonnettes logées.

Pentes à 45°, cônes.

Derrière, le mont Fascie, couleur rosâtre générale de l'éléphant.

Ruelles. Ici, les enfants innombrables jouent autour des putains. Il y a une prostitution élémentaire ; analogue au petit commerce des rues. Elles vendent leur nature comme fait la voisine ses châtaignes, ses figues, ses immenses tartes dorées — farinades des pois chiches.

On marche dans la vie épaisse de ces sentes profondes comme on entrerait dans la mer, au fond noir d'un océan étrangement peuplé.

Sensation de contes arabes. Odeurs concentrées — Passants rapides sur ces marbres striés au ciseau. Vers les hauteurs les ruelles grimpent, s'ornent de rubans de briques et de galets — Cyprès, dômes minuscules, frati[1].

— Cuisines odorantes — Ces tourtes gigantesques, farine de pois chiches, combinaisons, sardines à l'huile, œufs durs pris dans la pâte, tourtes d'épinards, fritures — Cette cuisine très ancienne —

C'est une carrière d'ardoise

Les tartanes de Lavagna[2].

Les navicelle[3].

IV, 464 sq. *[1910] Poèmes et PPA*

Épervier jeté dans l'Arno, près de Pise, à contre-jour.

Cette nasse blonde entre dans l'eau jaune et chaude (à l'œil).

Mélange du fin réticule et du liquide[4].

IV, 467 [1910]

Celui qui sait devoir partir, regarde toutes choses d'un œil éloigné. Il touche des souvenirs. Il se souvient du demain. Il éprouve la fragilité du présent. Quelque chose s'est passée en lui qui fait qu'il refuse machinalement de s'adapter davantage — au lieu qu'il va quitter.

Il n'ajuste plus ce vêtement qu'il va rejeter.

Les choses ont déjà une « vitesse ».

IV, 468 [1910]

Photographie l'impression « d'enchantement ».

Flûtes de verre, argentin, *suspendu*, silence sonore
Frêle et surélevé, flèches, stalactites, cristaux, cristal
Pas de rouge, loin de tout
Trop pur, trop fin, trop fragile, trop surélevé et demeure.

IV, 483 [1910]

Comme la mer bat de front le môle ou obstacle,
Sans le contourner
Mais ce n'est pas un but, ce n'est qu'une oscillation limitée en elle-même
Elle s'arrêterait, même sur le point de vaincre ; ignorante aveugle.
Incapable de s'additionner à elle-même (c'est l'obstacle qui les additionne sur soi), de ramasser ses forces dans un temps

94

Et sa fureur n'est qu'une phase régulière qui comprend aussi une faiblesse et un recul.

Elle est inerte et fait semblant de se dresser. Puis elle retombe sans vie et sans souvenir, en faiblesse ; et renaît de ses écumes quand lasse de redescendre.

Le drame, étrange une fois, apparaît dans sa répétition une machine.

Le véritable obstacle est la limite de l'élongation du flot. Toute la masse de la mer ne viendra pas aider, gonfler une/telle/de ses vagues pour l'exhausser au plus haut point.

Le rêveur bat les rives de la veille. Il ne peut faire monter ses images les unes sur les autres et les divers membres de l'homme ne s'échafaudent pas.

Il croit agir.

IV, 503 [1911[1]*]*

Sous la pluie d'aujourd'hui, je me rappelle ce couple qui s'embrassait, se serrait infiniment sous la pluie[2], un soir noir sous les arbres presque invisibles, allée de l'Observatoire. Je me rappelle avoir parlé à Pierre Louÿs de l'impression que me firent cet homme et cette femme inattendus, muets, entourés de leurs bras et tellement seuls ensemble sur leur banc ruisselant qu'ils me faisaient douter de l'averse précipitée et retentissante. Pour eux, ni la pluie, ni moi.

IV, 590 [1910] Poèmes et PPA

PPA — Politique[1]
« Ce sur quoi nul parti ne s'explique. »
Chacun a ses ombres particulières — ses réserves —
Ses caves de choses inavouables.
Ses trésors de choses irréfléchies et d'étourderies.
Ce qu'il a oublié dans ses vues, et ce
qu'il veut faire oublier.

IV, 596 [1910]

Les étoiles ensemble avec les sifflements de trains ;
une fraîcheur avec de la noirceur passent (malgré
lampe et rideaux).

IV, 601 [1910]

☆

Le matin, j'offre de naïfs sacrifices. Au soleil, j'offre
les rêves de la nuit. Sur la pierre du réel je les consume.
La netteté des corps, la rigueur de leurs ombres, la plénitude de la vue.

Je brûle mes ennemis et mes ennuis. J'honore les
belles idées ; je me dépouille/lave/en esprit de mes
erreurs ; je juge le jour d'hier, je me demande le pouvoir de faire toute chose intéressante.

IV, 601 [1910]

96

☆

L'homme intérieur étant affolé, et tout à coup se voyant tel ; ne sachant plus ce qu'il est, mais une insupportable production panique d'idées, et un insecte en désordre sur une pente de sable sec qui coule —; celui-là appelle à son aide *l'homme vu du dehors*. Le plus profond sans visage et sans forme appelle le passant, l'unité et la solidité sensible de l'homme. Il lui demande : Comment font les hommes dans telles circonstances ? car je ne suis plus un homme. Je ne distingue plus les frontières entre mes pensées et mes actes et mes choses. Rappelle-moi que je suis fini et debout comme toi. Si je suis comme toi — ce n'est donc qu'une partie de moi qui me travaille et me tourmente. Reflète-moi mon tout.

On peut être Homme sans être moi. Peut-être — ou peut-être Moi sans souffrir ce que je souffre !

IV, 603 [1910]

Un psychologue.

Celui-ci s'éveille. Le voici lourd, chargé encore d'une masse mystérieuse, éveillé mais non debout, endormi mais non insensible ; n'ayant pas la force de dominer, choisir les images, ni plus le pouvoir négatif de les laisser à leur inconsistance par la sienne propre ;

de céder entièrement aux figures, aux ombres, aux mânes…

Il émerge par les yeux et les oreilles et par les membres ; et le rêve, à regret, se retire de lui, avec des retours troubles, par une alternance de contrastes, par une somme décroissante de transgressions amorties et de régressions.

Un personnage se conserve au milieu de ce remue-ment comme un animal marin qui était dans le flot et que le jusant ne retire. Je le connais à peine : mon rêve l'a employé ; mon réveil le regarde. C'est une image.

Et maintenant, — malgré moi — ou plutôt *sans moi*, — (et là paraît pourquoi j'ai dit : un psycho-logue) — cet être plat ou plan il va falloir que je le pénètre, le déchiffre, l'approfondisse. Son visage d'in-différent me revient avec une précision inexplicable. Il m'obsède et, pour qu'il me laisse quitte, il faut, *comme par un instinct*, — que je fasse vivant cet intrus, que j'y adjoigne, pour le continuer de ma part, comme il se répète et se continue en figure, — tout un intérieur de pensées et de tendances en accord avec sa mine.

Cette face d'imbécile exige des explications. Cet être plan requiert des dimensions multiples. Mais il lui suffit de reparaître identique pour abolir mes constructions. Je suis en proie à un dualisme, — à un genre étrange de cauchemar, simulacre de lutte et apparence de contact où non plus le rêve et le réel, mais le rêve et la veille sont les véritables antago-nistes ; la victime, moi.

IV, 609 [1910]

☆

Ô mes étranges personnages, — pourquoi ne seriez-vous pas une poésie ?

Toi, Présent, — et vous Formes, et vous Significations, Fonctions et Phases et Trames.

Toi, acuité de la netteté et point ; et toi l'informe, le latéral ?

Cette espèce de re-création, que ne *chanterait*-elle pas ?

Mais que d'exercices avant de se rompre à sa propre pensée !

Penser librement cette pensée, ces éclairs, ces moments séparés — les penser en nature même.

Et après la recherche des éléments purs, les épouser, les être, les faire enfin vivre et revivre…

IV, 612 [1910] Poèmes et PPA

Comme au bord de la mer

———————

Comme au bord de la mer —,
Sur la séparation,
Je m'abîme dans l'intervalle de deux lames
Ce temps à regret
Fini ou infini
Quoi se referme, se retire —, que mesure ce temps ?

Imposante impuissance de franchir —
La suite propre du bond, c'est retomber
Pour ne rompre l'intégrité de la chose, rester mer, corps
Garder la puissance du mouvement, il faut redescendre
Grinçante, à regret,
Se rentrer et se resserrer,
Comme la pensée retombe à la sensation
Toujours,
Recule, à partir du point
Où sa source l'ayant élevée, elle n'est plus rien si ne se replie
Et ne revient à la présence générale…,
À toutes choses moins elle-même
Quoi que ce soit non elle-même
Elle-même jamais longtemps
Jamais plus longtemps,
Jamais le temps
Ni d'en finir avec tout le monde,
Et ni de commencer d'autres temps…
Plus que seul au bord de la mer
Je me livre
À la transformation monotone
De l'eau en eau [1].

IV, 671 [1912] Poèmes et PPA

☆

Sky.

Il se cache dans sa lumière. Je suis enfermé dans une sphère d'illumination.

Je ne sais rien au-delà de ce qui est clair. Cette transparence me borne, et toute vue fait un voile.

Tout ce qui se peut voir jusqu'à l'infini parallèle.

IV, 680 [1912] Poèmes et PPA

S M[1]   *À demi-voix*

D'une voix douce et faible, disant d'énormes choses,
D'importantes, de gravissimes, de profondes, d'éton-
nantes choses,
D'une voix douce et faible.

— La signification du tonnerre/monde/, et des
canons
Dans la voix d'un rouge-gorge,
Dans le détail fin d'une flûte/la délicatesse/.
Tout le soleil
Au moyen d'un demi-sourire
Et d'une espèce de murmure en français.

— Qui n'eût saisi les mots, qui l'eût ouï à quelque
distance
Aurait cru qu'il disait des riens.
    C'étaient des riens pour l'oreille…
— Mais ce contraste et cette musique,
Cette voix à peine ridée, cette puissance chuchotée

101

Ces perspectives et ces découvertes
Ces manœuvres et ces abîmes devinés,
Ce sourire congédiant l'univers…
    Je songe aussi pour finir
Au bruit de soie très discret
D'un feu qui tout éclaire et brûle, (qui se parle)/et qui me parle/
Presque pour soi.

IV, 684 [1912]

Église de l'Île Callot [1]

Ce fin fond d'église où se passe quelque chose de non-clair.

Je sens un autre m'envahir, je me sens ressentir un frisson primitif, un souffle sur toute la peau, et l'horreur se feindre sur toute ma surface, hérissant la séparation du froid et du chaud.

C'est que je voyais les communiantes revenir de l'autel, toutes jointes et fermées, — rentrées en elles-mêmes — comme cet animal qui se retourne, gant, mettant le dedans *dehors* et le dehors nulle part.

De quoi donc est le *réflexe* cette horreur et intimité *sacrée*?

Alors, — de sentir simplement cette vague invisible qui se fait sensible sur ma chair comme si j'étais le brisant et le point où la houle se casse, et blanchit et se fait voir, — de la sentir simplement monter, être ; — sans la faire *idée*, sans l'opposer, l'attacher à nulle *idée* — est-ce là refuser la *Grâce*? Et était-ce la Grâce?

Ne pas conclure…

IV, 700 [1912]

Te rappelles-tu le temps où tu étais ange! Ange sans Christ, je me souviens.

C'était une affaire de regard et de volonté, l'idée de tout traverser avec mes yeux. Je n'aimais que le feu. Je croyais que rien à la fin ne résisterait à mon regard et désir de regard.

Ou plutôt je croyais que quelqu'un pourrait être ainsi et que moi j'avais l'idée nette et absolue de celui-là.

Tout me semblait si simple que la littérature devenait impossible. Plus d'objets.

Une certaine poésie pratiquée un peu détruit ou consume tous les mots. Ils perdent toute force propre. Ils ne sont plus que les clefs des autres hommes et non plus la vôtre. Soi, on ne se parle plus que par gestes ou au hasard — avec n'importe quel terme.

Je ne vivais que pour deviner.

C'est exagérer la distance infinie qu'il y a entre *moi* et les autres, entre tout moi et tous les autres[1].

IV, 705 [1912]

Ces hirondelles se meuvent comme un son meurt.
Si haut vole l'oiseau que le regard monte/s'élève/à la
source des larmes[1].

IV, 713 [1912] Poèmes et PPA

Vent.
Hors d'elles, toutes révoltées, rebroussées, elles
Feuilles gémissent et les rames bousculées
Toutes chargées et chavirées —
Disent éperdument : Non.
Non. On les emporte à l'extrême sud de leur
groupe
Tout le corps de l'arbre se hérisse
Toutes les feuilles fuient jusqu'à la plus voisine de
chacune.
Un torrent des plus fins — Une massivité, une plé-
nitude presse — Le bruit d'un sablier, d'un passage.
L'envie et la peur de partir — Mille petits mou-
choirs verts agités.
Mais dès qu'elles quittent l'arbre, emportées, elles
ne trouvent plus le vent[2].

IV, 830 [1912] Poèmes et PPA

PPA[1]

Jeunesse, tu peux écouter la pluie. L'écouter elle-même…

Elle ne te rappelle rien.

Mais puis! Chaque goutte te rouvre.

Chacune n'est plus un bruit — c'est quelqu'un, une époque, un souci.

V, 29 [1913]

Sur la figure, aux yeux troubles, de la vieille, la musique carrée, la mesure donne /esquisse/ un intérêt enfantin — un réveil niais, un sourire de début comme si ce mouvement, cette danse partielle virtuelle raccrochait dans l'écheveau emmêlé, dans le dédale de 80 ans, à travers les choses usées, quelques biens restés neufs, oubliés dès l'enfance — de quoi s'intéresser, *apprendre,* commencer, suivre encore la marche du monde…[2]

V, 31 [1913]

PPA[3]

En quoi cette après-midi, cette fausse lumière, ce chiffonnement de rien, ces incidents connus, ces papiers, ce Tout quelconque se distingue-t-il d'un autre, un avant-hier? Les sens ne sont pas assez subtils pour voir que des changements ont eu lieu. Je sais bien que ce n'est le même jour — mais je ne fais que le savoir.

Pas assez subtil pour défaire cette œuvre si fine ou si profonde qui est le passé ; ni pas assez subtil pourtant que je distingue que ce livre ou ce mur ne sont pas identiques, peut-être, à ce qu'ils étaient l'autre jour.

V, 34 [1913]

Ce pays[1], on y sent plus nettement que nous vivons sur des décombres. Choses brisées et leurs débris, usés. Littoral rompu.

Brisure et puis usure, et bruits de l'usure.

Bruit perpétuel de la dégradation ou violente ou patiente. Mais ces voix d'enfants, ces cris, ces chocs dans la maison de granit et de sapin près de la mer — ces sursauts de l'ouïe dont le chant de cuisson et de frisson, le soyeux et homogène froissement forme la basse — donnent aussi l'idée au possesseur de l'oreille philosophique, sous l'apparence de *vie*, de chahut et de jaillissement — d'une dissipation, dépense.

V, 36 [1913] *Poèmes et PPA*

PPA[2]

Il y a deux divins. L'un qui se dissout dans l'ému. L'autre qui se brise dans le clair — se foudroie soi-

même. L'un de mélange, l'autre de distinction —
2 formes de présence du dieu. L'image du dieu.

V, 149 [1913]

PPA[1]

Une pendule fée ; et toutes fois que l'on écoute le
toc du balancier, elle s'arrête, elle ne peut marcher
que dans ma demi-conscience, non écoutée, non
regardée. Et une autre qui ne travaille que sous ma
garde. Si je m'en désintéresse et ne la soutienne de ma
présence, — *de ma prière,* — elle s'arrête net.

V, 149 [1913]

PPA[2]. Réveil.

Au réveil, si douce la lumière — et ce bleu. Le mot
« Pur » ouvre mes lèvres.

Le jour qui jamais encore ne fut, les pensées, le *tout
en germe* considéré sans obstacle — le Tout qui
s'ébauche dans l'or et que nulle chose particulière ne
corrompt encore.

Le Tout est commencement. En germe le plus
haut degré universel.

Je nais de toutes parts, au loin de moi, sur chaque
poste de la lumière, sur ce bord, sur ce flocon, sur le
fil de ce fil, dans ce bloc d'eau claire.

Je suis l'analogue de ce qui est.

Je ne suis encore, ô délice, que quelque chose égale à l'ensemble de feu, de soie, d'ardoise, de vapeur et de musique brute simultanée. Je suis un effet de la lumière. Ma fonction est entièrement sous mes yeux.

J'équilibre le total du jour nouveau.

Ah! retarder d'être moi. Pourquoi, ce matin, me choisirais-je ? — Si je laissais mon nom, mes maux, mes chaînes, mes vérités, comme rêves de la nuit ?

N'est-ce pas la leçon des rêves, et les exhortations du réveil ? Et le matin n'est-il pas le moment de la vaine révolte du possible ? — Une large rasade d'informe et de commencement versée au départ — une nudité avant que l'on se re-vêtisse ? Une naissance ? Une naissance de toutes choses avant que quelqu'un n'ait lieu[1].

V, 163 sq. [1914] Poèmes et PPA

6 heures [du] matin 4 7bre je descends après la nuit si chaude à insectes, à pensées; je laisse Paris investi — — je descends et je viens de marcher dans la légère lame tremblante glacée de l'eau, sur le fil de la mer[2].

Assis, je suis comme muet intérieurement.

Je suis lourd et je m'ouvre. Je regarde sans voir. Que c'est calme! Quelle distance entre ce que je sais et ce que je vois. Ce que je vois n'est rien et n'arrive pas à — penser[3]. Ce sont des photographies que prennent mes yeux contraints. Que me font ces clichés ?

Au moment que la vague se penche pour se rompre, sur l'arête de sa lame brille/brillera/le soleil même.

L'eau de la crête commence à couler sur le versant de tête ; la plus belle transparence sous la voûte naissante de la vague est entrevue.

Puis le bruissement de l'écroulement ; ce froissement augmente très rapidement et est interrompu par la *catastrophe* d'écume. La rumeur finit dans un choc, que suit le gémissement du sable et du retrait. La chose se rengorge, se reprend, pour se revomir encore et encore.

V, 373 sq. *[1914] Poèmes et PPA*

Imus était assis devant une table. Cette jeune servante blonde, et pleine de grâce, vient auprès de lui, s'accoude et s'assied à demi sur rien à côté de lui, toute proche et claire. On ne voit pas son visage connu, qui demeure détourné, mais elle, corps tiède, nuque et coudes vivants, presse et s'impose. Plus réelle, toute réelle en tant qu'elle touche. Son contact est réel, sa vision n'est qu'une peinture. Elle se tait infiniment contre Imus et l'étonnement de cette arrivée, de cette pose et de ce silence l'envahit. Ni regards ni parole d'elle ne gênent ce trouble en lui, qui monte, répond à la douce chaleur instante, change ses projets et devoirs immédiats, obscurcit les prudences et puissances permanentes, éclaire une pente unique ; un rideau de moins en moins transparent coule sur le reste du monde [1].

V, 454 [1914]

☆

Forêt

Le silence solennel d'une seule forêt. L'unique bruit d'une feuille. Toutes ces feuilles rouges qui pèsent sur le sol nulle part visible. Les troncs si purs bleutés. Tous ces fûts à toutes les distances bouchent, chacun son morceau de profondeur, mais leurs éloignements sans règle, ces interstices donnent l'impression d'une transparence, d'un regard à travers une matière fluide et inconstante (on est au fond d'une mer, au bas de la hauteur des arbres) car le moindre mouvement altère, trouble la vision, la change de plan.

Silence végétal. L'arbre de lui-même ne fait aucun bruit. Tout son mouvement propre est de croître. Il laisse ses fruits tomber de lui. Ses bras morts lui tombent à coups de vent.

Un manteau de silence, d'horreur, de crainte sur les épaules. On est regardé jusqu'à la moelle. Épié à travers ces feuilles, guetté derrière ces troncs, écouté par toute la vie, deviné par quelqu'un qui enveloppe cette forêt et dont l'œil perce jusqu'à vous. Les bêtes, les brigands, les dieux, Dieu, tout vous attend, vous menace, vous observe ; même la plus belle apparition, ici, ferait une singulière peur. Tout est suspendu, rien n'est qu'entrevu. Les lumières et les ombres froides sont distribuées par le seul hasard des graines et des glands tombés dans une autre époque. Vastes motifs, géants semés à poignées.

D'énormes détails précis se changent les uns dans les autres à chaque pas. Une plante extrêmement fine et délicate se risque et se découpe avec bonheur et netteté sur l'œil, se dessine sur le vague.

V, 839 [1915-1916] Poèmes et PPA

☆

Poème. L'idée maîtresse

Allons! Debout. Surgis. Écoute.
Écoute! Éveille-toi, brise tes chaînes, sois.
Sors des ombres, des limbes, des parties infinies, ô éloigné dans l'immobilité totale
Arrache-toi de la paix, de la nuit, émerge
Écarte les coudes, les mains, les doigts, étire-toi, bâille!
Debout! Debout[1]! Durcis, que ta force paraisse! Serre les dents
Refais une statue, et une hauteur. Sois prêt! Jambe à la base!
Couronne-toi. Compose le regard. Sens-toi tout
L'instrument de ce jour qui commence et de l'acte
Qui te demande.
Moi qui t'appelle, Moi, Je ne puis rien sans toi,
Qui peux tout avec toi,
J'étais dans ton ombre et dans ta composition
J'étais éparse, près et loin — comme une goutte de vin dans une tonne d'eau claire

Dans ta substance.

Viens à l'aide ! Sois une chair et une charpente,

Sois ma forme, mes yeux, ma langue, mes jarrets.

Sois pour que je sois, sois pour être

Obéis. Que je sois le commandement que tu profères.

Ma voix est la tienne et tu ne distingues

Ma volonté. Mais tu veux.

D'abord je n'étais pas. Ensuite, je naquis parmi tes pensées

Je n'étais que l'une d'entr'elles. Infuse, vague

Mais maintenant tu n'es plus tout entier toi-même,

toi-même, ta vie, ton sang, tes craintes, tes heures, ta voix

Que l'esclave d'un jour, l'occasion favorable, ma chance !

Je suis la seule idée qui soit conforme à ton être, et toi

L'homme qui me convient.

Tu es ma chance, je suis ta perte unique et immortelle

Je suis venue comme un hasard dans l'agitation de ta tête

Mais toi, d'autres hasards et une autre face des choses

T'ont fait comme pour moi.

En route ! En chasse ! Cours après qui t'anime.

Tu vas me prendre pour toi, tu me croiras toi-même.

Tu ne tomberas que sur un obstacle caché

Tes yeux verront ce que je veux voir.

Ton intelligence ordinaire s'étonnera elle-même.

Elle trouvera de tels chemins que tu t'apparaîtras insensé.

Tu diras ce qui te surprend. Tu te trouveras ayant fait

Ton impossible.

Tu ne comprendras pas ta propre perspicacité.

Tu t'excuseras de ta clairvoyance et de ta puissance

Tu seras honteux de gagner de tels gains.

Tu murmureras humblement des merveilles.

Oh! pourtant, quel miracle pour moi,

Ce mauvais corps, cet individu chétif

Cette santé chancelante,

Ces nerfs toujours irrités contre eux-mêmes, justement il me les fallait

Quel miracle qui me fit être! Ô circonstance, humain, seule chance!

Tant d'autres hommes ne m'ont pas eue.

J'ai trouvé dans ta structure et dans ta substance

L'heure, l'être, l'heure d'être…

La coïncidence de tes souvenirs, du jour qu'il faisait, de

la nature de son sommeil, de ton loisir, de tes manies,

Une nourriture dans tes faiblesses,

Une possibilité dans tes ignorances

Une occasion dans tes dégoûts…

Maintenant, nous nous appartenons, on se confond, on s'aime!

Tu es mon fou-à-cause-de-moi[1].

V, 848 sq. [1915-1916] Poèmes et PPA

Non rien — ni les triomphes — ni le pourpre éclat mûr ni le midi de toute sa hauteur, ni l'œuvre, le resplendissant palais des dieux entièrement achevé et qui voit tout autour de lui par tous les sens sculptés et dorés de sa beauté, ni rien — ni les plaisirs ni jardins ni les corps souples — ne vaut ce premier mouvement, ces signes de vie, ce commencement dans le ventre maternel. L'inconnu à tous et de lui-même pourtant se démène — Une volonté préexiste. Quelqu'un sera.

Conscience au milieu du prodige — Émoi, es-tu, n'es-tu pas? — qui me donnera de naître — que dis-je! — de songer cet avant-naître.

Embryon, ni toi, ni moi — qui grattes si doucement aux portes — qui crois encore que ce voile de chair et de sang cache quelque chose de suprêmement désirable — Illusion organisée — qui palpes, touches déjà, dans un rêve, le réel.

Au-dessous, Tristan se déchaîne sur le piano. Premières notes de Wagner entendues depuis le 1914.

Je sens ma folie à travers ma raison comme la nuit de l'espace se sent bien à travers l'illumination du jour, plus il est beau. Mais c'est non ma folie, c'est celle des choses — de la réalité conjointe et telle quelle, une démence objective, consistante, résultant de pures constatations et qui est Celle qui est, qui contient, menace, balance, donne et retire dans sa toute-puis-

114

sante inexplicabilité essentielle, le Peu personnel. Qu'est-ce que je pèse auprès de ce que tu m'as dit hier soir ?

J'ai froid sur moi. Et je ne m'appartiens plus. Avoir froid sans qu'il fasse froid, devenir cause inconnue, c'est ne plus s'appartenir. Loin que l'halluciné soit maître, il est esclave et pourtant ses créations propres l'entourent et cachent ce qui n'est pas de lui. Partons.

Le lendemain, je dis : mélange intime de hasard, de loi, d'éloignement infini et de soi-même, ou proximité infinie…

Ce petit mouvement est plus terrible qu'une trompette du jugement. Il divise l'Un. Il fait sentir une volonté où la volonté ne peut pas être.

Progression géométrique des ancêtres[1].

VI, 18 sq. [1916] Poèmes et PPA

Ciel

Je suis le lieu géométrique, le point
Également ignoré de tous ces astres
Également ignorant. Moi et Eux.
Immense étonnement d'étoiles séparées[2] !
Explosion fixe, et si la contemplation demandait mille milliards de siècles, explosion vraie, et conséquences.

Tout cela me regarde, et ne me concerne pas, me regarde et ne me voit pas.

Mirari[1]. Ouvrir de grands yeux.
Inutilité, refus de pensée.

VI, 109 [1916] Poèmes et PPA

PPA[2]
Intellectus. Le lever de l'astre.

La première gamme sur toute l'étendue du clavier jouée libre lumineuse devant l'assistance muette encore, le premier coup d'œil d'ensemble du général et du soleil à la fraîcheur immobile ; le dictionnaire total frémit, le cadavre s'étire, jusqu'au bout des doigts. La prodigieuse facilité parcourt sa définition, son bonheur, avant qu'elle aille éveiller les impossibles, les ardus, les hasards, les lacunes, les résistances, les contre-parties. Mais pour le moment, tout est loisible, tout s'essaye en toute-puissance gratuite. La façade de toutes choses est dorée. Les ombres encore pleines de promesses. Rien ne bouge que la lumière elle-même. Les extrêmes se reconnaissent et se saluent. Il y a une création sans aucune peine. L'univers ressenti à demi imaginé est là, comme un repas sur une belle nappe présenté. Le merveilleux appétit regarde et s'exalte. Présences ineffables. Le grand oiseau décrit des cercles. Le son pur, le ton pur sont debout.

Comprendre. C'est l'heure. S'ouvrir. — Are you ready[3] ? Êtes-vous parés ? — Mémoire, tiens-tu tous ces fils, ces chiens dressés ? Être prêt. Le moindre incident égale infini. Tout le désordre est à la merci d'un coup de sifflet. L'armée entière suspendue à ce regard.

En avant ! vers… les ennuis — et les temps perdus ! —

VI, 200 [1916] Poèmes et PPA

P.P.A.[1]   Matin

Voir les corps tels que *nous* les voyons, ce très ancien texte, le verbe soleil et ses conjugaisons de couleur, les propositions de lumière et d'ombres…

Il est des moments, le matin, à l'éclairage horizontal, où cette présentation se suffit ; passe toutes réflexions possibles. Des murs quelconques valent le Parthénon, sont les miroirs voulus, réfléchissent l'être, sont. La fraîcheur, le charme et une crainte, tristesse très pure — baignent.

On sent très profondément que les premiers bruits s'établissent sur silence, que les choses et formes colorées se posent sur ténèbres, que ce vermeil si pur, ces choses de perles, de lait bleuâtre, ces pans d'hyacinthe, de jaune d'œuf transparent sont sur de la nuit lavées ; que ces langueurs, regards, lenteurs et pensées ahuries, singulières, ces premières idées… sont encore des tentatives isolées, sont peintes sur le sommeil/néant/encore chaud et qui pourrait reprendre… Ce ne sont plus des rêves… mais les *valeurs* les plus voisines de ces valeurs vraies sont rêves. Le jour qui se lève, la veille qui va durcir et dominer semblent plu-

tôt la fin de quelque chose — le couchant de l'instable. Il n'est pas encore tout à fait sûr que ce jour va
se continuer et s'affirmer sur toutes choses.

Ce réel est encore en équilibre réversible avec le rien[1].

VI, 232 [1916] *Poèmes et PPA*

☆

P.P.A. [2]

Vent du Nord-Est.

L'homme n'a pas encore commencé son travail : il
en est encore à préparer ses outils. Quand le temps
sera venu, à peine gardera-t-il ce nom d'Homme…

(Le grand vent qu'il fait, qui crie dans la cheminée,
me souffle des insanités.)

— Quelle acquisition, la mémoire !…

Quand l'homme aura reconnu qu'il n'est rien, alors
cela pourra commencer. Alors l'intelligence pourra ou
disparaître, ou tout remplacer ? Elle commencera à
bâtir.

Les questions, les énigmes nécessaires auront été
avalées. Naître, souffrir, mourir ne feront plus de diffi-
cultés. Il y aura longtemps que l'énergie, les matières,
les êtres vivants auxiliaires seront à la disposition. Le
commerce, l'industrie, ne seront plus. Il y aura une
seule science et elle sera presque innée.

La Terre ne sera qu'une ville. Rien ne se fera plus
naturellement — c'est-à-dire aveuglément.

VI, 255 [1916]

PPA[1]

Cet arbre planté devant mon papier, tout frissons, cube de frémissement ou sphère de frissons, baigné de l'air. Ce bruit de soie endort, mêlé des notes fausses d'un piano et les longs cris adoucis des trains — aigus émoussés.

Et tout ce remuement assez faible dans le ciel gris qui a, de-ci, de-là, des cotons dorés pâlement, des clartés floconneuses, ce remuement de feuilles a pour auteur — le vent léger qui a touché à la grande guerre. Tout ce qui tremble si paresseusement là me masque et de proche en proche atteint l'immense guerre. Les villes sautent, flambent. Ce que je vois cache et fait voir toute autre chose.

VI, 270 [1916]

PPA[2]

Marée. Deux fois par vingt-quatre heures, tu t'adores, et deux fois tu te méprises. Je suis tout, je ne suis rien, se suivent, se causent et ne sont que l'alternative très simple, nécessaire, sans importance.

Peut-être, pour tout sentiment quelconque peut-on trouver une durée qui comporte le sentiment contraire sur le même objet. Et si la vie était assez longue toute chose eût été enfin et souhaitée et haïe ; toute opinion ressentie comme vraie et comme fausse.

Tu aimes le tabac, la musique… C'est que tu n'as pas assez vécu pour avoir le goût contraire.

VI, 273 [1916]

La musique qui est en moi.
La musique qui est dans le silence, en puissance
    qu'elle vienne et m'étonne.

VI, 297 [1916] Poèmes et PPA

Très âgée, je vis dans le monde intermédiaire, déjà presque en équilibre avec chaque moment ou circonstance. Je vous touche et je suis bien loin de vous. Le même instant a des significations bien différentes pour vous et pour moi. Ma mémoire est une maison tout achevée. Cette maison magique peut s'envoler d'un coup, dès qu'on ne peut plus rien y ajouter. Tous les projets possibles sont accomplis ou abandonnés. Je n'ai plus qu'un seul acte nouveau à faire.

Je me fais difficile à l'égard de la lumière, des bruits, du goût de la nourriture. Tout ce qui advient maintenant m'était déjà connu ou m'est inconnaissable[1].

VI, 491 [1917] Poèmes et PPA

PPA.   Le but.

Je ne considère pas, je ne puis pas considérer impossible à atteindre, le but qui a été de tout temps promis à mon intelligence/que s'est de tout temps promis mon intelligence/, quoiqu'il se soit incessamment refusé à mon pouvoir, — ce but, de parvenir jusqu'à l'exécution d'une œuvre *par le désir*, en pleine lumière, désir reconnu et regardé à l'extrême, conservé et précisé de proche en proche et formant peu à peu ou par bonds son objet — et toutes les solutions intermédiaires…

L'observation… créatrice — l'observation d'un désir, la représentation reprise, l'attention extrême et respectueuse qui écoute, ne se hâte pas, renforce peu à peu les faibles lueurs, remplace peu à peu par des éléments réels, saisissables, exprimables, — soit qu'ils correspondent directement à l'attente, soit qu'ils impliquent ce qui est attendu, — les caractères informulés, inarticulés — et ce sont ces naissantes envies elles-mêmes qui vont comme personnellement chercher dans le monde des formes offert par un être suffisamment coi et pur qui a vécu pour les lui accumuler, *ce qu'il leur faut pour écrire.*

Ainsi l'inspiration comme éducable, comme presque volontaire, comme enfin captée et *tournée* par la conscience qui finit par connaître ses mœurs, sa pudeur, sa délicatesse et ses limites — tel est l'objet[1].

VI, 547 sq. *[1917] Poèmes et PPA*

☆

PPA

La passion de l'intellect veut tout comprendre, tout reconstruire, tout abolir[1].

Elle joue dans cet étrange domaine que les étonnements traversent, éclairent, renversent, où d'immenses travaux s'accomplissent presque sans gestes, dans un coin, grâce au silence et à l'immobilité ; et quand des siècles véritables d'essais, de patience, de reprises et de dégoûts surmontés sont accomplis, tout s'éparpille, s'écroule, s'évanouit — Un mot, un bruit, un bâillement achèvent la scène.

De vierges continents apparaissent et se perdent à jamais.

VI, 706 [1917]

Poësie

Dans le cerveau, ce balcon soutenu par des ??? Là se penchent les questions en suspens.

Il y a aussi, en tas de charbon, du *temps*. Et une sourde usine cachée où se fait l'angoisse, noir produit.

On sait qu'il y a des mines toutes chargées. Il y a aussi des fleurs en bouton qui pourraient s'ouvrir.

VI, 722 [1917]

☆

Matin du second jour de l'automne

Réveil — Impressions singulières — La douceur des draps et le sentiment de la fraîcheur fine — Je me sens moi-même d'une finesse extrême, d'un délié dans le beau psychologique et tragique — Mon Alexandrie, mon vieillissant paganisme de l'intellect, touché par l'hiver —

Mélange infiniment pur de considérations et d'images.

L'idée de l'inceste, dans sa noblesse, sa tendresse, sa férocité un peu glacée — La musique. Le tremblement ému des mains qui enfin se joignent, se trouvent et qui donne par sa vibration trop troublée l'idée d'une note si grave, si profonde, d'un contr'alto émis à la fin de tout et au commencement des larmes —[1]

Je me fâche de ces émotions. L'intellect jamais content hausse les épaules et se promène de long en large, au fond de la galerie cirée, qui n'existe pas, et qui donne sur la mer.

Ouvrir la fenêtre. Le ciel délicat.

Je fais une tragédie a parté en regardant dans la rue — où je regarde sans voir —

Je sens cette ouverture de la journée avec l'ennui et l'impatience de ma lucidité qui lit dans ces merveilles un spectacle d'automne.

VI, 738 sq. *[1917]*

☆

Poëme

Sous la pression d'événements si graves, l'esprit s'anime et s'affole, forme des ripostes énormes, des victoires fantastiques, les reprend, les précise, voit ce brin d'herbe —, écume, retouche et enfin se replie et renferme dans l'urne scellée du possible, du futur, se condense là, dans cet infini clos, dans un vase où son espoir est dans ce qu'il ne sait pas puisque ce qu'il sait le désespère, et considérant alors la belle forme de cette urne, s'admire de finir cette apocalypse et cette lamentation par une fin poëtique — En qui tout s'achève, artificiellement ou non, puisque rien ne s'achève.

L'espoir est représenté par cette réserve d'inconnu, puisque rien ne s'achève, et c'est précisément cette urne opaque que l'homme envie à la mort et veut lui soustraire — Elle brise le vase du possible.

Le possible est la propriété du vivant.

VI, 767 [1917]

Regard

Je m'assieds devant ces papiers et prends un certain regard fixe... Ah! que je le connais ce regard qui s'institue! *Je le vois.* Il regarde bien autre chose que celle où il semble posé. Il crée un autre monde — ou du moins, il l'attend — Il considère ce qui est comme une étrangeté, comme une extranéité, une gêne, une *usurpation de l'espace*. C'est le regard de quelqu'un qui attend tout de soi-même, et qui voit *encore* ce qui est et ne devrait pas être.

VI, 771 [1917]

☆

« Ismène semblait vivre par son propre goût et par ce qu'il lui plaisait. Son visage et son corps semblaient de son choix et il semblait qu'elle les eût choisis et formés de sa propre loi, faits ou inventés par elle-même.

Elle y attachait cette importance tempérée que nous attachons aux choses qui ont un grand prix, mais qui ne sont point notre seule ressource, et que nous pourrions échanger contre d'autres. »

VI, 864 [1918]

☆

PPA   S'endormir

L'homme qui s'endort, s'abandonne, se *fie* à quelque chose ; se remet aux choses, et à son corps, première chose ; s'adapte en dedans, *s'adapte à n'être pas*[1] et, comme il s'adaptait à être, à se séparer. Le voici qui s'assimile à ce qui existe de plus stable, au plus petit potentiel compatible avec la vie, — à l'état où on ne soit pas *encore*; renonce à ce qui est à quelque distance; se retire, obéit; immole le réel, devient tout réel, consent à n'être que soi-même; *change d'espèce.*

VI, 867 [1918]

☆

PPA[1]

La voix étrange de celui qui dort et ce qu'elle dit font penser à un homme qui voudrait faire un acte et ne pourrait mouvoir que tout son corps et non le bras ou la main, — qui formerait une approximation grossière de son désir en mouvant une masse. Il ne dispose pas de ce qui est assez délié pour atteindre son objet.

Et il faut rapprocher de cette impuissance du dormeur, l'impuissance permanente que nous connaissons dans la veille à atteindre (par exemple) une pensée qui nous obsède. Nos membres spirituels sont trop grossiers pour la saisir — C'est un souvenir qui ne se laisse pas préciser. C'est un tourment qui ne se laisse pas exterminer par analyse. C'est un idéal, un beau vers, une solution qui ne se laisse pas approcher.

C'est pourquoi la volonté intérieure est si pauvre dans ses moyens, si difficile à appliquer à son objet, si coutumière de procédés indirects et inefficaces. Le but est parfaitement net, et les *matériaux* sont en moi; mais aucun acte n'existe qui soumette les matériaux à mon désir le plus violent. Il faut se rabattre sur la chance, se remettre à une nuit favorisée, compter sur le temps, sur l'oubli… compter sur l'ensemble des choses pour amener une modification précise dont tous les éléments sont *là*.

VII, 7 sq. [1918]

Amour. Psaume[1].

Ce n'est pas la femme, c'est le sexe. Ce n'est pas le sexe, c'est l'instant — la folie de le diviser, l'instant — ou celle d'atteindre… quoi ?

Ce n'est pas le plaisir — c'est le mouvement qu'il imprime, c'est le changement qu'il demande, harcèle, et devant lequel il retombe, brisé, rompu, couronné d'une jouissance, liquéfié, achevé, béat, mais la volupté cache sa défaite.

Il était parti pour franchir… et il est vaincu, consolé, inondé de volupté. Il n'a fait que jouir. Il n'a fait qu'engendrer. Mais quel but était celui de son être ? — Quel extrême ? Quel suicide ?

Qui déchiffrera l'énigme de cette folie ? Une telle furie n'était pas nécessaire à la propagation d'une espèce.

L'amour a cet étrange caractère : d'avoir pour objet une interruption.

VII, 36 [1918]

PPA   Greffe. Auto greffe —

Je suis un être greffé.

Je me suis fait à moi-même plusieurs greffes.

Greffer des mathématiques sur de la poësie, de la rigueur sur des images libres. Des « idées claires » sur un tronc superstitieux ; un langage français sur un bois italien…

VII, 70 [1918]

PPA   Association d'idées

À la campagne : sur la terre, un petit cadavre de rongeur, long comme mon petit doigt, argenté et saignant ; un pas plus loin, le squelette d'une petite aile où tient encore un plumage vert sombre.

Puis, un grand arbre me fait penser aux cristallisations. La symétrie est un fait tout général. Loi de Curie[1].

VII, 78 [1918]

PPA   Le riche d'esprit

— Cet/Un/homme avait en lui de telles possessions, de telles perspectives, il était tant d'années de lectures, de méditations, de combinaisons internes, d'observations ; de telles ramifications, — que ses réponses étaient difficiles à prévoir ; qu'il ignorait lui-même à quoi il aboutirait, quel aspect le frapperait enfin, quel sentiment prévaudrait en lui, quels crochets et quelle simplification inattendue se feraient, quel désir naîtrait, quelle riposte, quels éclairages —

Peut-être était-il parvenu à cet étrange état de ne pouvoir regarder sa propre décision ou réponse intérieure que sous l'aspect d'un expédient, sachant bien que le développement de son attention serait infini et que *l'idée d'en finir* n'a plus aucun sens dans un esprit qui se connaît assez. Il était au degré où la conscience ne souffre plus d'opinions qu'elle ne les accompagne de leur cortège de modalités, et qu'elle ne se repose (si c'est là se reposer) que dans le sentiment de ses prodiges, de ses exercices, de ses substitutions, de ses précisions innombrables… [1]

VII, 118 [1918]

PPA   La toilette

Au matin, secouer les songes, les crasses, les choses qui ont profité de l'absence et de la négligence nocturne pour croître et encombrer ; les produits naturels, saletés, erreurs, sottises, terreurs, hantises —

Les bêtes rentrent dans leurs trous.

Le Maître rentre du voyage. Le sabbat est déconcerté.
Absence et présence[1].

VII, 122 [1918] Poèmes et PPA

Le soleil — matin, éclaire *en eux-mêmes* les objets
qui sont, les idées toutes formées et figurées — etc.

Mais la nuit complète est éclairée par ces idées —
Et elles illuminent de leur rayonnement les objets
possibles, les idées profondément encore engagées.

Je ferme les yeux pour laisser rayonner des restes ou
des commencements de restes — C'est ici le séjour
des mânes, des impressions.

VII, 163 [1918]

PP.A. La pluie, ce matin vers 3 h, pluie de médiocre
précipitation. Mouches mortes qui tombent. Ce bruit
des gouttes molles, entre le bien distinct et le continu.

Suggère calcul de probabilités.

Égalité de nombre de coups dans un temps nt,
inégalité dans un temps t (n > 1)

Impression de durée. *Pluie durable.*

Cette impression est donc liée au rythme des corps.

Pluie violente ; on dit qu'elle ne durera pas.

Le problème de la durée attendue.

Dans une heure, 10 — dans une autre heure 100
— ; dans un siècle, autant que dans un autre.

VII, 208 [1918] Poèmes et PPA

Poème (traduit du langage-Self)[1]

J'allais peut-être vous aimer,
 Ô mon Esprit !
Mais je m'avise
 Que je vous aimais tant, déjà !
J'allais peut-être vous aimer,
 Ô mon esprit
Mais je m'avise, ô mon Esprit,
 Que je t'aimais déjà d'une tout autre sorte !
Tu te fais souvenir non de jours/d'autres jours/, mais de toi/moi/,
 Et tu deviens toujours plus semblable à nul autre,
 Plus autrement le même, et plus même que moi
 Ô Mien — mais qui n'es pas encor tout à fait Moi.

VII, 217 [1918]

☆

Prière de M. Teste : Seigneur, j'étais dans le néant, infiniment tranquille. J'ai été dérangé de cet état pour être jeté dans le carnaval étrange de la vie. J'ai donc été doué de tout ce qu'il faut pour pâtir, jouir, comprendre et me tromper, mais ces dons inégaux.

Je vous considère comme le maître de ce noir que je regarde quand je pense, et sur lequel s'inscrira la dernière pensée.

Donnez, ô Noir, —

Je confesse que j'ai fait une idole de mon esprit, mais je n'en ai pas trouvé d'autre. Je l'ai traitée par des offrandes, par des injures. Non comme chose mienne [1].

VII, 238 [1918-1919] Poèmes et PPA

PPA

Découvertes. L'état d'esprit qui accompagne les découvertes est le même, que la découverte soit d'intérêt personnel ou d'intérêt universel. Le frémissement, le mouvement du rideau — on ne savait même que ce beau jardin était un rideau, son départ vers les cintres — sont des phénomènes indépendants de la valeur de la pièce. Les 3 coups se frappent mêmement.

Ainsi, les découvertes partielles, puis la révélation au jeune être de son sexe et des possibilités y afférentes, — est comparable à la découverte d'un don comme d'être poète — ou visionnaire (se plaire à des images sans savoir d'abord qu'on s'y plaît — sans savoir qu'on est « privilégié » sous ce rapport — sans savoir qu'on peut employer ce don — etc.) —

comparable aussi à la découverte d'une relation dans les sciences, etc.

VII, 246 [1918-1919]

... dans sa tête où derrière les yeux fermés se passaient des rotations curieuses, — des changements si variés, si libres et pourtant si limités, — des lumières comme celles que ferait une lampe portée par quelqu'un qui visiterait une maison dont on verrait les fenêtres dans la nuit, comme des fêtes éloignées, des foires de nuit mais qui pourraient se changer en gares et en sauvageries si l'on pouvait en approcher — ou en effrayants malheurs —, ou en vérités et révélations.

C'était comme le sanctuaire et le bordel des possibilités[1].

VII, 252 [1918] Poèmes et PPA

Trois heures quarante — 21 mai. Douleur qui m'éveille. Debout !

Le jour déjà. Sans soleil. Désert. Hurlement si mécanique des oiseaux.

Tout est lavé de gris.

Impression très forte d'homme qui aurait voulu dormir encore, qui regarde au moment où il ne faut pas, avant que tout soit prêt pour la vie et la journée — avant l'illusion arrangée. Impression de clairvoyance tristissime du cerveau mal éveillé — qui voit, et n'*ajoute* rien. Le décoloré de cette heure. Ce dieu du réel, du Tel Quel, qui dit : Je suis ce que je suis… Et c'est Tout.

Le vide de tout ce plein. Ce bâillement, le jour et le monde. — Cette impression non pas de voir ce que je

133

vois, mais d'être *vu* par ces objets, ce ciel[1] — ou encore d'un échange sans résultat possible entre mes yeux et ces choses — échange sans issue — qui cache je ne sais quoi, sous couleur de montrer.

À côté, l'idée que le plus profond philosophe est celui sachant le mieux faire le vide — qui ressent le plus combien — le devancement, le peuplement, l'intuition, le désir, le réel sont — comme *arbitraires* — artifices — des tas de postulats.

La nécessité ne vient qu'*après*, — à *l'intérieur*. Plus on est éveillé, plus elle se fait. Mais avant ?

VII, 352 [1911][2] Poèmes et PPA

Il ne faut malheureusement pas oublier que ce qu'il y a de plus beau, de plus admirable au monde, est en soi un cas particulier, sans plus, comme un grand penseur est un simple soldat noyé dans son régiment. Le caporal malmène l'un et l'autre. L'Érechtheion[3] est une petite maison.

VII, 379 [1919]

PPA
Pendant que l'acrobate est en proie à l'équilibre le plus instable, nous faisons un vœu.

Et ce vœu est étrangement double et nul ; nous souhaitons qu'il tombe et nous souhaitons qu'il tienne.

Et ce vœu est nécessaire ; nous ne pouvons pas ne pas le former, en toute contradiction et sincérité.

C'est qu'il peint naïvement notre âme dans l'instant même.

Elle sent qu'il va tomber, et elle commence sa chute, et se défend de son émotion *en désirant ce qu'elle prévoit.*

Et elle voit qu'il tient encore, et elle sent qu'il y a donc des raisons qu'il tienne, et invoque ces raisons.

Et parfois l'existence du monde et de nous-mêmes nous apparaît sous cette espèce[1].

VII, 396 [1920]

Nuit coupée, mêlée de torpeurs et de lucidités presque trop belles. Merveilles de possession et de puissance spirituelle.

Comparable à des nuits en chemin de fer —, comparable au trajet lui-même avec ses découvertes et ses tunnels.

O altitudo

On entend un bruit fin qui est continu et qui est le silence en personne. Il couvre tout.

Mais entends le sifflet si seul, si loin, créateur d'espace, comme au plus profond, comme chose en soi.

Plus rien — le rien est immense aux oreilles.

Sifflet nouveau, simple, éternel, égal à lui, filet éternel de temps qui se perd dans l'univers, dans l'espace. Mais enfin voici les oiseaux — petits coups de ciseaux, petits bruits de ciseaux dans la paix — Mais quel silence à découdre !

Quelle espèce de bonheur dans la fatigue. Extension infinie. Bornes du monde. Quelle douce chaleur de lit je suis. Mes yeux tournent de sommeil impossible.

Roulement de roues premières[1].

VII, 409 [1920] Poèmes et PPA

P.PA
Je regardais un objet BEAU. Je demeurai près de lui. Je m'ennuyai, je vécus dans son voisinage.

VII, 420 [1920]

Grande mer à la Mer Sauvage. Cap Breton. Jamais vu vagues plus hautes, plus massives, plus pétries et pétrissantes, plus écumantes. Sur le bord à distance correspondante des eaux une barrière d'écume persistante, figée, dont le vent arrache des lambeaux gros comme un chat qui les fait courir sur la pente de sable uni et roule vers les dunes. Ils ont l'air d'animaux. Cette gelée boursouflée est jaunâtre, gluante — composée de silice et d'eau salée.

Effet écrasant de cette bourrade indéfiniment prolongée. Le paroxysme apparent durable et inépuisable. Ennui, sommeil provoqué par cette sublime action non-vivante, cette colère apparente, ce soulèvement et ce choc de choses mortes, cette insurrection de l'inerte[1].

VII, 428 [1920] Poèmes et PPA

De la mer océane.

Mer. Océan. Cap Breton.

La grande forme qui vient d'Amérique avec son beau creux et sa sereine rondeur trouve enfin le socle, l'escarpe, la barre. La molécule brise sa chaîne. Les cavaliers blancs sautent par-delà eux-mêmes.

L'écume ici forme des bancs très durables qui figurent un petit mur de bulles irisé, sale, crevard, le long du plus haut flot. Le vent chasse des chats, et des moutons nés de cette matière, et les souffle et les fait courir le plus drôlement du monde vers les dunes, comme effrayés par la mer. Cette écume est autre chose que de l'eau battue — Émulsion.

Quant à l'écume naissante et vierge elle est d'une douceur étrange aux pieds. C'est un lait tout gazeux, aéré, tiède, qui vient à vous avec une violence voluptueuse, inonde les pieds/chevilles/, les fait boire, les lave et redescend sur eux, avec une voix qui abandonne le rivage et se retire, tandis que la/ma/statue s'enfonce un peu dans le sable et que l'âme qui écoute cette immense fine musique infiniment petite, s'apaise et la suit.

Périodes différentes.

Vagues — saluent — L'eau de chute s'élève par la vitesse horizontale — c'est la partie inférieure de la lame qui monte —

Le vent strie la vague de petites vagues = Ondes massives polyédriques[1].

VII, 430 [1920] Poèmes et PPA

Curieux matins que ceux où toute chose paraît aisée, claire, possédée, et en qui l'esprit se joue, bouleverse ses terreurs et ses certitudes, les défonce comme des rêves, a rêvé la vérité de la veille, se trouve au-dessus de ce qu'il était, comme l'oiseau brusquement cesse d'être marcheur assujetti au terrain, et prend une liberté de plus. L'obstacle était une chimère, mais tout à l'heure on redescendra.

VII, 436 [1920]

Je vis une mouche qui s'était prise dans une toile d'araignée et qui se débattait désespérément. Mais l'araignée était morte et rien ne venait sur la toile abandonnée. La mouche qui ne pouvait se délivrer criait : Venez, venez, ô araignée ! Elle préférait les crochets de l'araignée à cette mort inextricable/débattue/et longue dans la soie.

VII, 545 [1920] Poèmes et PPA

Celui qui s'éveille, homme, bête, ou contrée et campagne, a des parties vivantes et des parties mortes ; des parties ouvertes et des parties fermées, des parties mobiles et d'autres immobiles ; les unes en équilibre et les autres hors d'équilibre. Il y a des forces et des faiblesses ; des lumières et des lueurs ; des fantômes encor et déjà des oiseaux.

Petit matin, petit jour, heure peut-être, de la plus forte présence des *hérédités*. Le présent est le plus loin possible. On se sent citoyen de très lointains pays qui ont été *ici*, peut-être. Le mouvement du jour plein n'a pas encore agité, mêlé, les couches qui se sont reposées dans la dernière partie de la nuit. — (La veille et l'activité ne seraient alors que le mélange qui fait l'actuel, le désordre qui fait l'avenir.) La pensée est immobile, naïve, profonde. Tout se peint sur le néant frais, sur la sensibilité immédiate naissante, sur l'attente générale, sur la jeunesse du monde, sur les ténèbres.

Dieu n'est pas invraisemblable, à cette heure-ci. Le souvenir d'une création n'est pas très loin. Le Fiat lux est une chose toute simple et qu'on a vue et entendue.

VII, 554 [1920] Poèmes et PPA

P[etit] P[oème] [en] P[rose] [1]

Vois-tu ce bonhomme petit, grison et mal accoutré —? qui porte une de ces barbes trop longues ou trop courtes, dont on doute si elles sont l'effet de la négligence ou d'un dessein. C'est un des plus grands hommes du monde... Vois ce Panama de bazar : sous cette paille inférieure, s'abrite un monde intellectuel. Ce corps chétif, à demi d'alpaga à demi de coutil revêtu, est un instrument de précision. Et tout ce pêcheur à la ligne est un pêcheur de pensées qui chaque jour ramène à la terre bien des poissons plus étranges, plus variés, plus lumineux et plus vifs et plus [mot barré] que tous ceux par le pauvre pêcheur des *Mille nuits* tirés d'une mer enchantée.

VII, 556 [1920] Poèmes et PPA

PPA

Un esclave qu'on ne voyait pas chantait d'une voix triste qui devait accompagner son triste travail

(ici chanson de l'esprit — Ô mon esprit)

Cette plainte spirituelle lavait des carreaux ou épongeait un sol, car il y avait des bruits d'eau, des éclats et des ruissellements d'eau.

La vie paraissait éternelle, la besogne inutile et infinie, le temps qu'on avait tiré, il fallait le boire, la pensée absente et sourde.

VII, 670 [1920]

140

Quelques personnes se changeaient en fumée sur les divans. L'une rêvait que Dieu n'était point après tout obligé toujours de sévir. Quelque méchant pouvait le séduire ; il peut sauver qui lui plaît. La grâce n'est pas autre chose.

Sans quoi Dieu ne serait pas libre, formidable. Et la création ne lui servirait de rien. Mais nous savons au contraire, qu'il peut avoir et qu'il a ses *préférences*. Il aime mieux ce juste que l'autre, et peut-être cet injuste que tel juste — Il n'aime pas et ne peut aimer le péché, mais il y a des manières de pécher qui touchent peut-être plus que certaines de ne pas pécher…

VII, 686 [1920]

Prière intellectuelle du matin —
Avant le commencement —
Avant la création —
La puissance d'abord se découvre.
Quelques éclairs dispersés, divers — percent la nue et le sommeil
Comme pour établir le monde et l'espace où l'on va se mouvoir et choisir un chemin.
Froideur et simplicité de cette aurore — oraison.

VII, 701 [1920-1921] Poèmes et PPA

P[etit] P[oème] [en] P[rose] Le parvenu

Celui-ci se caressait du bout de la langue une dent gâtée, et il se disait, étonné de sentir son nouveau rang, qu'elle aussi était à l'honneur. Il hésitait entre sa récente fortune et son état d'hier, et son être le même — Il disait : ceci aussi est ministre ou pape. Ce chicot est à l'honneur. Il n'a pas changé et pourtant, tout a changé pour moi ! Qui, *moi* ? disait-il à sa langue et à sa dent… [1]

VII, 720 [1920-1921]

« Maintenant je ne sens plus la présence —

Tout donne sur le vide, — sur le Moi… Le Moi est le vide. Il se fait horreur.

Sitôt qu'on ne le confond plus avec les pensées, on le sent, il se sent, indéfini et pourtant fermé.

Comme le ciel dans ces directions où il n'y a pas d'astres. Fermé, puisqu'il est le même à quelle [sic] profondeur qu'on le pénètre ; indéfini car rien n'empêche, ne marque le mouvement, mais ce mouvement est nul. »

« Ne m'abandonne pas. »

VII, 731 [1920-1921]

Aube. Ce n'est pas l'aube — Mais le déclin de la lune, perle rongée, glace fondante [2], — et une lueur mourante à qui le jour naissant se substitue peu à peu. J'aime ce moment si pur, final, initial. Mélange de calme, de renoncement, de religion, de négation. Abandon. On referme respectueusement la nuit. On la replie, on la borde. C'est le coucher et l'assoupissement du moi le plus seul. Le sommeil va se reposer. Les songes le cèdent au rêve réel. L'agitation et l'animation vont naître. Les muscles, les machines vont envahir le pays de l'être. Le réel semble hésiter encore. Le Zaïmph[1] se déroule et au coup de sifflet, va être hissé aux vergues, aux arbres, aux toits — occuper le ciel[2].

VII, 732 [1920-1921] Poèmes et PPA

Tempête — Le bord battu, brossé, brisé, roué de vagues, inondé, flagellé, assommé.

VII, 760 [1921] Poèmes et PPA

Pauvre Âme, dit l'Esprit, je suis triste avec toi, et même bien plus que toi, — car moi, dont ce n'est pas le métier, quand je m'émeus et je m'affecte, je sais pourquoi ; et mon désespoir est encore lumière. Tandis que tu as cette chance de te lamenter dans tes ténèbres, où tu ne vois pas s'il y a, ou s'il n'y a pas, de quoi espérer toujours. Tu veux, ô immédiate, tu veux qu'elle t'aime comme tu l'aimes[3].

VII, 782 [1921]

☆

L'extrémité

Voici. Voici le dernier cap et la pointe extrême du monde habitable. Tu es à la limite et au dernier pas qui permette le retour. Un de plus et tu ne pourras plus revenir. Regarde l'étendue, comme elle est composée de mers diverses et de gouffres bizarrement dessinés !

Ici la mort, la folie, l'indifférence, la liberté t'entourent. Le bonheur est un de ces abîmes.

Tout dépend d'un mouvement inconscient que tu vas faire. Ici les plus petites causes sont capables des plus grands effets. La dernière petite impression, une démangeaison quelconque, vont tirer au sort pour toi tout ton sort encore suspendu.

Un souvenir mal placé, ou un oubli infiniment bref[1].

VIII, 137 [1921]

Matin

Rien ne me touche plus que le matin de l'été. Cette paix du bleu frais peinte sur or. Or et nuit. Cette pudeur que le soleil commence à tirer du repos. Il y a un instant où l'on dirait que la nuit se fait voir à la lumière, comme l'esprit au réveil fait voir la naissance/naïveté/, l'inexistence/son néant/, et les rêves, à la première lucidité. Nudité de la nuit pas encore habillée. La substance du ciel est d'une tendresse étrange. On sent cette fraîcheur divine qui sera chaleur tout à l'heure, jusqu'à l'intime.

On sent la lassitude avant le travail, la tristesse de reprendre son être/un corps/plus vieux d'un jour, l'espoir, la simplicité du vivre, la promesse, et la vanité de la promesse — Tout cela peint comme un tableau naïf où les actes divers d'un personnage sont rapprochés, mêlé dans le calme et la pureté... Toute la pauvre vie dans un cristal.

C'est aussi la paresse mélancolique qui précède les grands actes, et la puissance même des actes. Peur d'entrer dans le jour, frisson préalable à la mer. Tristesse dorée, et d'un dieu. Désespoir paisible de ne plus croire à l'aurore, à l'espoir.

Avant toutes choses. Invocation muette à ce qui va être, à ce qui peut être.

Salutation de l'ange qui annonce qu'on est fécondé — Gros d'un jour nouveau[1]. Partage.

On salue l'activité qui s'approche, d'un bâillement — Le corps s'étire, se tourne et se retourne, cherche une torsion et une tension qui lui fassent reconnaître sa place dans lui-même, son état d'être prêt, et qui chassent les sommeils embusqués. Il s'agit de restituer le tout, de dissiper les inerties et résistances locales.

L'esprit aussi se feuillette, et ses problèmes, et ses inquiétudes, ses rendez-vous de tous les ordres. Dieu se cache peu à peu dans les affaires, sous les souvenirs, parmi les… réalités[1].

VIII, 151 [1921] *Poèmes et PPA*

Nage.

Il me semble que je me reconnais quand je rentre dans cette eau universelle. Je n'ai rien à voir avec les moissons, les labours ; rien pour moi dans les *Géorgiques*.

Mais se mouvoir dans le mouvement, agir jusqu'aux orteils, se retourner dans une masse pure et profonde, boire et souffler de l'eau amère, fraîche et folle en surface, calme dans sa profondeur ! c'est pour moi le jeu divin plein de signes et de forces où tout mon corps se donne, se comprend, s'épuiserait. Je saisis l'eau à pleins bras, je l'aime, je la possède, j'enfante avec elle mille étranges idées. Alors/En elle/, je suis l'homme que je veux être. Par elle, mon corps devient l'instrument direct de l'esprit et fait mon esprit. Je m'éclaire par là. Je comprends à merveille ce que l'amour aurait pu devenir avec moi, si les dieux l'eussent voulu. Excessif du réel. Mes caresses sont connaissance. Mes actes — Je ne possède jamais assez.

Donc, nage, mets-toi sur le dos, donne de la tête dans cette vague qui roule sur toi, avec toi se rompt et te rompt. —

Puis je marche sur l'immense plage, buvant le vent. C'est un vent Sud-Ouest qui prend les lames par le travers, les froisse et les couvre d'écailles, de tuiles, de systèmes secondaires, d'ondes réticulées qu'elles emportent, roulent de l'horizon jusqu'à la ligne de rupture — d'écume… —

Quel bonheur aux pieds nus, je marche sur le miroir sans cesse repoli par la couche mince d'eau qui se recontracte. Je suis moi-même, et mon système ! Le ciel énorme éternue en moi. Mes réflexes m'enivrent[1].

VIII, 212 [1921] Poèmes et PPA

Rochers

Les uns noirs, les autres d'argent, les autres rose de chair. Les uns luisants et cubiques aux arêtes abattues et mousses. Les autres à cassures nettes et aigres, ou à feuillets très épais, déchiquetés, les autres grossiers, arrondis. Chacun sa nature, et selon sa nature, sa figure qui est son histoire.

La forme dépend de la matière et des événements, c'est-à-dire des liaisons et des forces.

Je m'avance dans ce chaos, au bruit de la mer.

C'est une danse, étrange, car tous les pas sont différents et aucun n'a l'amplitude, la forme de l'autre ; en hauteur, en profondeur, sauts, escalades, mais une sorte de rythme subsiste à cause de la vitesse générale que je tâche à maintenir. Grands pas, petits pas, monter, descendre, comme dans un escalier qui changerait de hauteur à chaque degré.

Circuler dans ce monde dur et varié, c'est un exercice admirable, danse dont l'irrégularité des pas est la loi paradoxale.

Tous les muscles travaillent, nul pas ne ressemble à l'autre ; il faut inventer sa forme et son énergie à chaque instant.

Stratégie — aventures — chaos.

Autels, dés immenses, sous-ventres d'éléphants, Thibets. Flaques, fissures, failles, clivages, fentes, tables, bases.

Rugueux, poli,

flaches, petits poissons ultra-rapides[1].

VIII, 224 [1921] Poèmes et PPA

Matin — pluie d'une aurore mêlée.

Par le moyen des nues, le caprice du vent change, en deux ou trois minutes, la face du champ de la mer. La couleur du soleil et celle de la nuit se mêlent, se succèdent. Une partie des côtes est nette et sombre, l'autre toute fondue et vaguement écrasée dans l'humide substance de la vue, en douces formes roses indistinctes.

Les mutations rapides font penser à celles d'une âme très impressionnable ; elle sourit encore à une idée que la dure volonté et la tristesse instantanée sont déjà maîtresses de presque toute elle-même.

Tout ce regard me peint les fluctuations, les invasions presque subites de l'âme par les lumières et les ombres des idées.

La vitesse de ces changements visibles est de l'ordre de grandeur de celle de mon âme. Le mouvement d'un développement musical pourrait suivre celui-ci très exactement[1]…

VIII, 259 [1921] Poèmes et PPA

La mer, la plus intacte et ancienne chose du globe.

Tout ce qu'elle touche est ruine ; tout ce qu'elle abandonne est nouveauté.

VIII, 259 [1921] Poèmes et PPA

… Traversée, dans l'obscurité affreuse, la grotte des Larmes, on se trouve sous des arches énormes bizarrement disposées qui se pénètrent, s'intersectent étrangement. C'est le porche dit « des Grandes Questions », Problèmes. Chose extraordinaire, à travers ces masses d'architecture, ces porte-à-faux, ces arcs gigantesques qui s'embrouillent entre eux dans les ténèbres, filtrent des étoiles.

On se trouve ensuite : On ne sait où, — avec ce problème : Faire ce qui est, avec ces conditions : Ce qui est est impossible. Ce qui est n'est pas. Ce qui n'est pas, est.

Cet Absurde, ces Contradictoires, ici brillent en diamant. Rien n'a été dit, jamais, de plus *clair*.

Et tandis que l'On considère — (l'On qui n'est ni Vous ni Moi, mais qui est ce que vous avez créé de plus Vous, et ce que j'ai créé de plus Moi), — que l'On considère cette étincelante évidence, égale et identique à l'On même, — une fumée

S'élève — Une odeur de bois saisi par ses flammes. Il y a une porte qui s'ouvre. Entre, ce qu'il y a de plus terrible au monde : Bonheur ; n'étant pas de ce monde, donc *épouvantable* y entrant.

Il est entré par cette porte, qui criait faiblement et menaçait faiblement, d'une voix aigre et ancienne. Il est entré, ce Bonheur.

Venu pour apporter, venu de je ne sais quel autre système de Relations, apporter un étalon inconnu, un *événement-type*, une nouvelle *unité*,

À laquelle, Tout, désormais, rapporté ; tout, comparé, tout paraîtra tout autre. Et les Mœurs, et les Gens, et l'Esprit, et les Circonstances, et le Dieu, et la Durée.

Et il n'y aura plus pour vous, ni de jours, ni de nuits, ni de distractions, ni d'occupations ; ni de faits, ni de doctrines, mais

Seulement, le Près et le Loin ; la Réunion ou la Séparation, l'Accord ou le Désaccord ;

Et tous les phénomènes ne seront, ne vaudront, ne compteront que selon leur action, ou réelle ou probable, sur cette distance, ou Physique ou Intime.

Il n'y aura plus pour vous que 4 possibles :

Les cœurs ^{loin} × Les corps ^{loin} .

près   près

VIII, 310 [1921] Poèmes et PPA[1]

☆

… Couché, brisé de fatigue, cherchant le Sommeil que je sentais qui me cherchait aussi. Et nous ne nous trouvions pas. Entre nous, des éclairs qui nous égaraient, et empêchaient les ténèbres de se joindre et d'être une seule nuit.

VIII, 311 [1921] Poèmes et PPA

☆

PPA[1]

L'ange — au bord de la fontaine

I. Une sorte/manière/d'ange était assis sur le bord d'une fontaine. Il se/s'y/regardait et se voyait *homme*, et en larmes ; et il considérait dans l'onde cette proie à/d'/une douleur/tristesse/infinie — Sa douleur lui semblait à la fois aussi étrangère à lui-même que son visage et aussi attachée à lui-même, (et lui-même,)/et aussi attachée à lui. Aussi étrange/que le visage de quelqu'un qui se voit dans une glace lui paraît/qu'il se voyait dans l'eau lui paraissait/étrange, étranger et cependant le sien et le seul possible. Il essayait de se sourire. Il se pleurait. Il ne concevait cette infidélité de son visage si triste à son intention — — intelligence.

II. Qui es-tu ? se disait-il tout bas à je ne sais qui — Et plus bas, se disait-il : Qui est moi, qui donc est

151

le plus moi de celui-là qui là tant se tourmente, ou de celui-ci qui le regarde ? Suis-je celui qui peut détourner les yeux ou celui qui ne peut être vu/doit fondre/ sans que la douleur soit ?

Est-ce de ma faute si j'appartiens à ce puits et à ce visage dont je suis le captif.

III. Et un criminel/il/se regardait aussi et se disait : qui donc a commis tous ces crimes dont on parle ? Je ne vois point de criminel. Je vois cet homme à l'air doux.

IV. Un dieu/Les cieux mêmes/se regardait aussi du haut des cieux. Mais il ne voyait rien.

V. L'ange disait : Ô mon mal… je vous contiens dans ma vie/vue/universelle/vous m'êtes une chose universelle/. Il n'est pas une épine, pas un point, et pas une étincelle de cette douleur que tout éveille, que tout attise et alimente, non il n'en est pas une pointe, goutte, que je ne compte et dont ne sache l'origine, la destinée. Je sais votre poids, ô chaque goutte, ô chaque larme et je vous vois dans le diamant de mon esprit, au moyen du diamant de mon esprit, je vous vois sourdre, poindre, traverser avec une horrible/affreuse/ lenteur dans une chair qui est la mienne.

VIII, 370 [1921]

Commencement d'Orphée[1] — Je suis né sans le savoir, sans le vouloir, vers ce temps qui est devenu fabuleux, et qui est si vieux qu'il passe pour n'avoir pas été. C'est là la façon dont le temps vieillit :

non seulement il n'est plus, mais il n'est plus concevable et il semble impossible qu'il ait été. Mais dans ce temps-là, cependant, les pierres n'étaient pas encore insensibles aux paroles, ni les tigres aux chants. La mort elle-même se laissait prendre ou reprendre sa proie et l'on arrivait à la réduire.

VIII, 371 [1921]

Poème

(Rêve) —. Voici que j'écartai et que je divisai comme une chevelure le flot des mousselines et des rideaux. J'ouvris la fenêtre, et je cherchai à me reconnaître dans le ciel…

Mais ni l'Ourse, ni Persée, ni le Serpent —

D'autres constellations — inconnues aux regards, bien connues de mon cœur —

Je savais quelles elles étaient. Je connaissais ce ciel à merveille.

Là brillait l'Hérodiade [1].

Là la pâle Ulalume.

Et là des idées — Ô mon ciel — et ces nébuleuses de créations non réalisées [2].

VIII, 441 [1921-1922] Poèmes et PPA

Soir —

Il fait un vent vaste et troublé de chutes de pluie

qui frôle, ébranle, excite le système nerveux, tonne dans la maison, tombe, et laisse à d'immenses silences entre ses plis, percevoir le tact des gouttes sur les vitres.

Il m'éveille dans ma misérable méditation. Je m'assemble, je me serre à moi-même[1]. Un froid imaginaire me saisit. Je regarde toutes choses sous ma lampe. Je suis, je suis.

… Le « penseur » met toujours la pensée du moment hors de toutes les autres.

Je me sens mon être même comme la principale, unique pensée.

VIII, 449 [1921-1922] Poèmes et PPA

Nocturnes   Difficilis descensus Averno[2]
20-21/1/22

Ô seul. Ô le plus seul. Toutes choses m'entourent, mais ne me touchent point. Je regarde et je respire. Je suis et je ne suis pas. Il n'y a plus de place pour moi dans l'arrangement des choses. Je ne suis pas à mon aise dans cette chair. Mon bien-être est un étranger. J'ai rompu avec ce qui est. Tout m'est étrange. J'ai trop souffert dans mon âme pour *reconnaître* quoi que ce soit. Pourquoi n'y a-t-il point de Dieu ? Pourquoi des sommets de la détresse et des abîmes de l'abandon, ne viennent pas des messagers certains ? Nul signe, nul indice. Personne n'entend ma voix intérieure. Personne pour me parler directement, pour avoir l'intelligence de mes larmes et la confidence de mon cœur.

N'y a-t-il donc point un « monde » qui toucherait à celui-ci par l'intérieur de l'esprit, qui serait la substance où nos racines plongent et duquel elles tirent l'arbre de l'univers visible ? —

Là serait l'apaisement, et le sein très doux où le malheureux se livrerait et se laisserait fondre.

— Où ce monde en qui nos ressorts tendus à se rompre se détendraient enfin complètement. Où notre vengeance s'abreuve jusqu'à la goutte où nos douleurs reçoivent le prix qu'elles ont payé.

— Il n'y a rien de pareil. Ces mondes n'existent pas. Nous les tirons précisément de leur inexistence. Le Dieu est fait de notre impuissance, de notre abandon, de notre imperfection, de notre détresse, prises en sens contraire. Mais *s'il était, nous-mêmes ne serions pas.*

— Qui sondera ma bêtise, et qui pèsera ma stupidité ? — Qui voit mieux que moi la nullité de mes maux atroces ? — Je souffre aussi de la vanité de mes douleurs, autant que de leurs morsures incontestables. *L'imaginaire mord et déchire le réel.*

Phénomènes de choc.

Il s'agit de recevoir en quelques instants une nouvelle qui détruit des formations de n années. Qui rend brusquement vaine une attente très longuement et solidement construite, et puis il faut *en quelques jours* subir cette décharge interne de tant de mois.

« En quelques jours » c'est-à-dire en autant de temps qu'il le faut.

VIII, 466 [1921-1922]

☆

Psaume.

Mon âme construit nuit et jour d'admirables édifices d'une altitude insensée, d'où les événements/ l'événement/aussitôt la précipitent. Parfois je me surprends qui les élève, je me mords les mains et les lèvres pour arrêter ces travaux insensés.

Mais/il arrive/quelquefois par récompense ils la retirent d'insondables enfers qu'elle s'était creusés.

Quelles misères que ces prodigalités meurtrières ! Quelles dépenses ! Toute la sagesse intérieure consiste presque à n'édifier que ce qui est soustrait aux événements. Des pensées, et des formes, qui ne demandent rien après elles, qui naissent du monde et qui ne l'attendent plus[1].

VIII, 488 [1921-1922]

PPA[2]

Par grand vent d'Ouest avec rafales — l'être se sent — se ressent en triste et comme *intense* isolement.

Sentiment d'appartenir à ce que ce vent pourrait emporter. On voudrait se serrer contre sa/une/mère intérieure[3]. Celle-ci est ce féminin de l'être, ce tendre et ce tiède idéal, cette paix dans les larmes, cet adieu, cette détente, cette nuit sacrée, ce don du refuge que nous prêtons à ce que nous aimons le plus profondément, à la femme d'entre les femmes,

Celle aussi qui ne comprend pas.

Les animaux aussi se serrent dans l'abri en entendant la tempête.

VIII, 547 [1922] Poèmes et PPA

☆

Ces grands cieux où tant d'événements qui s'ignorent s'unissent dans l'œil de l'homme.

VIII, 547 [1922] Poèmes et PPA

☆

Matutina — Psaume.

Malheureux qui n'a rien à donner.

Mais mille fois plus malheureux qui n'a personne pour partager avec soi ce qu'il a. Quis me sustinebit? — Quis me audiet[2]?

Ma fontaine tarit et son eau devient amère si la colombe et la soif n'y viennent pas.

L'abondance devient le mal insupportable. L'eau qui jaillit de l'esprit et de l'âme se ressaisit elle-même, se change en une boue empoisonnée. Malheureux qui allait donner, qui était fait pour être obtenu, et pour répandre sa substance.

Sa richesse l'éveille. Sa lumière intérieure perce la nuit de son corps ; elle dissipe son sommeil. Ses fruits triomphent de ses racines. Ses puissances triomphent de ses faiblesses, et bien avant le jour, il est envahi d'un soleil. Il se dresse armé de sa vie, et tandis que les questions et les choses reparaissent autour de lui, il leur jette aussitôt le défi clair et joyeux de sa pensée. Mais personne n'est là. Il retombe au milieu de ses forces.

— C'est peut-être le malheur de Dieu et pourquoi il nous en veut tant. Comme nous crions : Seigneur, Seigneur —, Il crie d'une voix inintelligible : Humains, esprits !... écoutez-moi, comprenez-moi ! — mangez-moi, voici mon fils, voici mon sang. Mais personne n'en veut, et tout le monde a raison.

VIII, 577 [1922] Poèmes et PPA

Comment fut cette nuit ?
À 4 heures, je regardais le palmier orné d'une étoile.
Ce calme infiniment doux, source immobile de la journée,
Était infiniment voisin de la source des larmes[1],
Et le jour est venu lentement éclairer
Bien des ruines.
Il vient lentement imbiber les choses qui à mes yeux, *toutes*, sont des ruines.
Et comment la journée ?

Belle, dorée, absente, déesse à laquelle toutefois l'on ne croit plus.

Le désespoir est un état normal, raisonnable : le seul même qui le soit.

Il est la suppression de ce qui n'est pas encore[1].

VIII, 588 [1922] Poèmes et PPA

☆

B[2]. Il y avait ceci d'étrange dans ces amants, et dans leur amour, que l'un et l'autre le ressentaient, non comme une affaire particulière entr'eux, et comme amour d'une personne et d'une personne, mais comme nécessité d'une intelligence parfaite entre des systèmes vivants, car ils prenaient également au sérieux, au tragique, — ce que les hommes réduisent à l'état d'opinion, de spéculation — à savoir leur condition même d'hommes, — événements pensants. Ils désiraient l'un de l'autre ce que l'autre présentait « d'universel » — c'est-à-dire *d'opposé à tout ce qui peut successivement se produire*, — et donc, il fallait qu'ils fussent l'un et l'autre, des êtres infiniment *particuliers.*

La volupté était pour eux, non point le but de toute leur tendresse, mais un moyen de perdre ensemble le plus qu'ils pussent de leur différence ; car le corps avec le corps peuvent quelquefois s'entendre, et se répondre, et se deviner divinement ; et il demeure de cet instant, une sorte de présence sensitive de l'un dans l'autre, et de souvenir d'une compréhension silencieuse, qui peut servir de type ou de modèle à la relation des esprits et donc enfin du Même au Même. Le corps, par la volupté, se fait comme intelligence et semble chercher le point précis de *sa transformation en dieu*, par une suite de tentatives, de tâtonnements, d'efforts et de coups de partie. L'esprit qui, d'abord troublé, puis surexcité fondant une religion nouvelle, traversant mille superstitions dont il se charge, créant des langages, calculant ses avantages, a joué un rôle de plus en plus actif et subordonné, — expire ici et le cède au sentiment pur de l'être. — Il va renaître dans une étrange paix…

VIII, 593 sq. [1922]

Les vues de cette maison étaient admirables, ses pierres purement liées ; — demeure exacte et parfaitement belle.

Là, *devait* habiter pour s'accorder avec ce chef-d'œuvre, sinon le bonheur, du moins le Verbe et l'esprit du Bonheur — Du moins la possibilité vivante du bonheur. Et c'est là que le Bonheur pouvait parfois descendre comme une colombe et un rayon qu'il est — comme une chose éternelle qui ne peut se voir que par éclairs. Car il faut sans doute qu'elle ne soit pas *permanente* pour qu'elle soit *éternelle*…

VIII, 713 [1922]

B[1].

Ma vie était comme une maison que je connaissais dans ses moindres parties. Et tant je la connaissais que je ne la voyais presque plus — Ses formes régulières, ses avantages, ses inconvénients me semblaient ceux de mon corps même et de mon temps.

Je ne concevais pas d'autres demeures. Mon âme était là, et si habituellement là qu'elle n'était, en somme, nulle part.

Un jour, j'ai touché par hasard je ne sais quel ressort et voici qu'une porte secrète s'est ouverte. Je suis entré dans des appartements étranges et infinis. J'étais bouleversé pas à pas par mes découvertes. Je sentais en me mouvant dans ces chambres inconnues et si mystérieuses qu'elles étaient la vraie demeure de mon âme[2].

VIII, 778 [1922] Poèmes et PPA

Matin

Ô matin, matin pur aux couleurs primitives, aux éclats tendres encore, aux chairs d'enfant, au ciel encore grave de la nuit, etc., tu n'es pas fait pour l'histoire, ni pour la sociologie ! Il faut s'éveiller, *commencer* et le commencement est Souvenir. *S'éveiller* c'est — *Retrouver* —

VIII, 843 [1922]

Au commencement est le Souvenir[1]. Au prélude, quand l'orchestre du corps vivant commence à s'exercer, que les instruments chacun de son côté s'essayent, s'accordent, forment un premier concert de hasard, — que l'oreille qui se reconstitue rencontre, comme elle peut, la parole qui balbutie, et que la main découvre sa mobilité, le dos sa puissance pénible, etc., et moi, *hier* et *ce soir*…

Quand donc la musique d'ensemble n'est pas encore organisée, mais se prépare de proche en proche, dans une brève anarchie, dissipant par degrés la lassitude immense du repos ; quand la mémoire n'est encore qu'une lente production d'étonnements, — ou d'événements distincts —

Le premier thème qui se dessine est celui d'éternité — de reconstitution ou de rétablissement de l'Éternel, c'est-à-dire du Même.

Le *Même*. Le Postulat ineffable, le Même, c'est-à-dire l'*Un* sous la forme que le corps peut le percevoir. A = A est la traduction de Un dans le système de la multiplicité d'un organisme.

Mais cette identité demande du temps pour s'établir — de même que le retour de l'image à son objet par le miroir demande du temps.

VIII, 843 [1922]

162

Il y a pour chaque homme, un nuage qui commence par une vapeur transparente et s'épaissit rapidement devant sa vue de son avenir.

Ce nuage est commun à tous. Il est comme tous les nuages de la couleur de l'heure même.

VIII, 848 [1922]

Psaume M.

L'homme de questions et de combinaisons, le voici devant ses idoles. Mais parfois elles sont à ses yeux des poupées inertes, et des pièces mortes, et de bois, d'un jeu qu'on ne joue pas, comme elles furent, d'autres jours, des puissances ailées et illuminantes.

Les mêmes mots sont vides et vains qui sont aussi des armes vivantes, des organes de connaissance, de prise, et de jouissance, des instruments et des actes de possession, des trésors et des clefs de trésors, des vases et les breuvages extraordinaires qu'ils contiennent, des lumières et aussi des yeux…

Qui dira les variations de ma foi dans mes pensées ?

IX, 56 [1922] Poèmes et PPA

PPA

Je vois dormantes et dans la matière même du sommeil, qui est un état de la matière — La vie et l'âme dissoutes comme sucre dans l'eau. Hier et demain déliés dans... quoi? indiscernables comme atomes libres — Et moi que suis-je dans ce système nul ou en équilibre avec ses parties? Trois heures quarante. Une goutte tombe de temps à autre. *La durée saigne.*

IX, 165 [1922]

PPA

Cet oiseau pique la nuit finissante de cris faibles et aigus, me rappelle quelque chose... Cette chose se fait un certain bleu de ciel avec deux ou 3 étoiles qui vont disparaître. Je traduis ceci par souvenir de mon temps militaire. Je pense à la mélancolie et à la Sibylle que m'étaient ces *mêmes* cris et ces astres dans la cour du quartier. Ils étaient chargés d'une signification indéchiffrable — et l'avenir... Cet avenir est devenu du passé. Je sais ce qu'il y avait dans ces impressions[1].

IX, 198 [1923]

Volupté
    d'être le premier homme
        qui aperçoive une « vérité »

(et celui qui fera signe aux autres d'approcher — ou bien qui se taira, et gardera pour soi seul la découverte —, se contentant de sourire — pour tout bénéfice —) qui mette le pied sur l'Amérique attendue et inattendue…

IX, 201 [1923] Poèmes et PPA

Mon esprit est une épée nue dans les ténèbres[1].
Il perce l'ami et l'ennemi.
Elle me tue comme les autres. Ce que je fus, ce que je puis être sont victimes de cette pointe/extrémité/de la connaissance sans égards.
Ma vérité ne connaît personne. Rien n'est visible. L'épée bondit et fourrage. Aveugle est l'éclair. Tu n'arrêteras pas ce [inachevé].

IX, 219 [1923]

À quoi penser ? pensais-je[2].
Je me trouvais hors de toute entreprise, et sans engagement, sans envie particulière, sans aucune pointe secrète, et comme opposé à tout, comme devant un buffet de toutes les idées et de toutes les actions,
prêt et tranquille,
Couché sur la ligne de partage du temps
Sachant bien, au reste, que les deux royaumes communiquaient par en-dessous, par en-dessus et que je n'étais maître que de l'instant.

Maître illusoire, mais instant admirable —

La conscience de cet illusoire même faisant partie de cette puissance réelle, et de sa vanité également réelle

Tout puissant, tout clairvoyant, tout rien.

IX, 432 [1923] Poèmes et PPA

Au sein de la nuit, au centre de la nuit

Le réveil de l'esprit logé dans la substance de la nuit

Reposé, égal, bien présent, maître de ses mouvements

Séparé de toutes choses,

À cause du calme, et dans le mépris

des agités, des ébullitions dues aux chocs des hommes,

Le corps sans poids, se ressentant jusqu'aux pieds, et aux extrêmes,

Le langage à nu,

Les dieux à vif,

Et tous les degrés, ordres et classes parcourus librement

Sentir l'être depuis $+ \infty$ jusqu'à $- \infty$[1].

IX, 467 [1923] Poèmes et PPA

Le matin, sur le balcon, déchirant fracas des volets repoussés, je me produis, je me mets au jour et je regarde *toutes choses*. Le tout — ouverture du tout. Le mot et le mouvement de *Salut*! — Salve, natura, me viennent à l'esprit[1].

Les oiseaux parlent et taillent des cris dans l'inouï.

La nature angulaire de la vue rassemble, concentre/le regard manœuvre/le proche et l'éloigné. Tout a sa place dans cette présentation, les palmes, les maisons de plus en plus petites, les pointes de cyprès, la montagne distincte, réservée, nette, haute, et la mer, bande pure où le Cap d'Antibes se peint en noir verdâtre — en projection géographique.

X, 4 [1924] Poèmes et PPA

Départ

On doit partir. L'appareil enregistreur change l'âme — comme d'une bande de papier.

Le sentiment est altéré. Les développements possibles se rétractent. Pas d'avenir immédiat. Le ton n'est plus le même.

L'être durcit et s'attriste. Autonomie des prolongements. L'arbre rentre dans la graine. L'ancre est à bord.

Rien de tangible n'a changé — et tout est changé. La couleur n'est plus ce qu'elle était. Il y a du souvenir dans les lumières présentes. Mais on est où l'on sera. On vit intérieurement loin d'ici. Cet écart persiste, modifie toute la durée.

D'ailleurs, tout écart de toute espèce entre le φ et le ψ[1] est une des grandeurs capitales de la mécanique des animaux à conscience.

X, 4 [1924] Poèmes et PPA

Je vais sur les bords de la mer[2] et je me parle. Je ne vois rien au milieu de la vaste vue. Je marche dans mon incohérence propre, — abstraite et amoureuse et triste et irritée et extralucide et enflammée parfois… Le vent tire la torche, brouille et excite la torche spirituelle.

X, 117 [1924] Poèmes et PPA

J'ai un grand tulipier dans mes petits carreaux.
Là se posent les yeux qui adjurent l'idée
Et là une question parmi les feuilles fait son nid.
Paris est à peu près derrière ce feuillage.
Cette campagne m'abat — m'attriste. Et toute campagne.
Elles ont beau être belles, elles me font mal.
Je me sens d'une solitude à crier — et à écrire.
Je sens bien que je cause et même avec moi-même
comme on mange par politesse, — étant invité et sans appétit.

X, 217 [1924] Poèmes et PPA

Il se lève. Il allume sa lampe. Il ressent toute la montée amère et claire de la pensée, la présence du réel bien nette et détachée sur le sommeil qui vient de finir, sur l'ombre qui entoure la table.

Il va ouvrir au jour qui doit être déjà bien clair. Il bénit le jour de la fenêtre ouverte, aspire l'air, implore le principe, demande la lumière à la lumière. L'abstraction, et l'amour.

X, 282 [1924]

La mer est en extase sous mes yeux. Toute chatouillée de petits soleils.

X, 626 [1925] Poèmes et PPA

☆

Méditerranée par vent Sud-Est. Rafales. Tout est gris, vert, des milliers de crêtes courtes blanches courent à la côte.

Ce temps me torture les nerfs.

Tous les maux plus ou moins cachés sont mis en relief, soulignés comme si une tension plus forte éprouvait les joints et fissures, et rendait sensibles des fentes insensibles sous faible pression. Un petit torpilleur passe, dansant et piquant dans l'écume.

X, 630 [1925] Poèmes et PPA

à Bussy[1]

Roquebrune — Je philosophe en me barbifiant —
Je me dis que c'est un régal de sage de vivre dans un
logis si pur sur la hauteur, sans perdre de vue les
temples obscènes de Monte Carlo, capitale du Hasard
et du Vertige. Quel lointain que ce lointain, quelle
perspective!... Coup d'œil Turner-Rimbaud. Et le
soir ces feux vivants et palpitants.

Toujours nouvellement surgi d'Amériques, un
paquebot de pierreries.

X, 641 [1925] Poèmes et PPA

☆

Bice[2]   Ange

Psaume

Je ne suis pas où vous me voyez. Je ne suis pas où
vous croyez. Vous aimez, vous haïssez un fantôme.

Mon mirage vous donne soif — mon apparence
vous irrite. Mes dehors marchent et parlent. — Ce
qui m'est presque étranger me remplace pour vous,
me représente — est moi. Parfois substitution
brusque du réel à ce fantôme.

— Un ange fut jeté par quelque Faute de... dans le
corps d'un homme. La mémoire de sa condition première lui fut ôtée.

170

Qu'est-ce qu'une âme qui a perdu la mémoire ?

Il ne gardait de l'ange que le sentiment de n'être pas ce qu'il était, car le sentiment angélique de *l'ubiquité* ne s'était pas aboli, étant ineffaçable.

Être en quelque lieu, en *quelque temps*, condition humaine, il le subissait, mais ne pouvait s'y accoutumer, et il était toujours malheureux, car il ne pouvait connaître, comme nous, qu'une chose à la fois, quand sa nature essentielle était de tout saisir par un mode non temporel, par les principes.

Il ne comprenait rien selon ce qu'il était — mais tout selon ce qu'il avait été et qu'il ignorait.

Enfin — *Moi* — C'est un portrait

Exemple avec l'amour… le physique de l'amour.

Effets produits — antipathies — adorations, *rôle de l'énigmatique dans l'antipathie et dans l'attraction*. Cynisme, pureté impassible. Organes et mouvements, pas d'idoles, pas de réserve, pas de —

Récit coupé de psaumes — et le grandiose, le Wagner mêlé au Voltaire. — Donner vie par énergétique sensible, $\delta/\delta i$[1].

X, 721 [1925]

Le Havre — Mercredi 27 mai 25

Je m'éveille — odeur lourde de frégate, de vieux bois flotté construite —

Chambre à l'anglaise — bois, bow-windows[2] — couleur sombre un peu artiste.

La sirène très loin — et temps bien de mer, bien d'ici, mouvementé, demi tiède — oiseaux chantant, la verdure, lilas et grappes d'or tout bousculés et humides, ruisselants de la mer qui est dans l'air. Les villas dorment encore sur la côte.

Mon idéal (de la vue d'un grand port à mes pieds).

Cette odeur d'habitacle — vieux meubles, vieux bois — vieux sommeils, chambres fermées, flottantes, air épais — *je ne sais comment l'exprimer*[1] — *le nez tâtonne* et tapote à travers les souvenirs et les mots, cherchant la voie, l'expression, l'image *exacte*.

Odeur de goudron mouillé et salé et d'une chambre épaissie par l'haleine des dormeurs. Charade de l'odorat, ton mot est *créosote*[2].

X, 729 [1925] *Poèmes et PPA*

S'éveillant au côté de la femme endormie, à demi éclairée, chaude et odorante, dans le silence respirant, exhalant ; s'élevant pur, triste, léger, universel, sur son séant, au-dessus de la vie, et de la vapeur du souvenir de l'amour dont sépare le sommeil intervenu, l'absence de l'amante profondément enfermée dans sa forme de stupeur —

Elle dort, et en elle comme une graine dans un hypogée, repose et dure la vie du jour précédent dans l'attente du jour suivant. Celui-ci héritera du précédent et en lui de tous les autres antérieurs. Ainsi se transporte le même. —

Quel chant l'esprit de nuit s'éveillant ainsi jette à soi-même et [inachevé]

XI, 35 [1925] Poèmes et PPA

Ô toi, je ne t'oublie jamais dans ma prière — Tu reviens ramenée par la dernière heure des nuits, par la lampe qui précède mon jour quotidien, par toute séparation de mon âme et des choses, quand il lui semble qu'elle poursuit un mouvement qui se divise de tout objet et cherche à être à soi-même ou à je ne sais quel amer recul, auprès duquel toutes choses sont étrangères. Alors tu reviens comme l'eau rentre dans le creux du vaisseau troué quand les hommes n'en peuvent plus et cessent de pomper. Ma prière est sans parole ou les paroles n'en sont que la place. Tu reviens comme le pendule à sa position, comme ce qui obéit à des puissances fatales — et prier c'est cela. Vivante devenue puissance, abus, ombre devenue *nécessaire à la réalité*, fantôme sans qui le vivant se sent mort, possession des points stratégiques de la vie par une entité — Comment se peut-il que ce qui fut rencontré et connu au hasard, par le hasard devienne nécessaire ?

XI, 108 [1925] Poèmes et PPA

Le jour croît, par degrés assez sensibles, et à chaque pas qu'il fait telle nuance se dégage du trouble pâle de l'aube.

Le clair et le sombre se divisent — en colorations que l'on peut nommer ; et chaque couleur se divise à son tour — chaque masse de l'espace s'ouvre comme une fleur.

La forme demande peu à peu moins d'hypothèses. Peu à peu la connaissance se fait immédiate et touche au suprême de la netteté. Il n'y en a plus au-delà. L'incertain abandonne l'étendue. Un homme est visible à 300 m — qui entre dans un champ et [se courbe[1]] —

XI, 108 [1925] Poèmes et PPA

… Aube et moi — Corps toujours las qui s'éveille *au-dessus* de toutes ses pensées possibles — et ce sentiment étrange d'être étrange, étranger, et cependant d'être quelque chose — Tout et rien — Substance unique et accident.

Je suppose alors un autre au même état quelque part, avec le même sentiment d'être — Être nécessaire sans doute… et rien que possible.

Nous avons un mépris essentiel de tout ce qui ne compte pas devant cette heure.

XI, 194 [1925] Poèmes et PPA

Psaume

Ma satisfaction est un fantôme ; jamais tu ne pourras l'atteindre —.

N'est-ce point l'*Éternel* qui a créé son offenseur ?

Ne l'a-t-il point tiré de sa prescience volontaire ?

Ne l'a-t-il pas appelé dans un jardin ?

N'a-t-il point pris une chair pour le mieux connaître ?

Les regards et ses mouvements étaient d'un serpent qui charme un serpent.

Les roses embaumaient ses pommettes et ses voiles.

Ils ont été aux profondes parties de la nuit.

Au silence ils ont offert leur soupir.

Ils ont noué le jour qui cesse au jour qui naît par les nœuds de leurs membres —

Hosanna sur leurs contacts —!

XI, 198 [1925]

☆

PPA etc.   θ[1]

L'édifice de la pensée complexe et claire parfois s'entrevoit nettement à travers l'onde du (temps présent non troublée par le moindre remous).

La crainte bouleverse les dieux entrevus.

Nulle crainte — nul émoi ne ride, n'opalise le bassin mental de la conscience.

Comme cristal se forme le monde des idées

Loin de la douleur loin de la peur, des soucis, des croyances, des opinions, des intérêts —

Conditions de formation. Instabilité.

Rapports avec le rêve — rapports avec attention

Rêve à cause de la liberté laissée aux éléments ana-
logiques —, de la structure de l'espace

Attention, — car ce rêve est cantonné assujetti *à
une résultante*

À cause d'un petit *temps* qui est variation croissante
de ta présence, de ton énergie, tu *vois*.

XI, 448 [1926]

Hier, ramé assez longtemps — et comme en l'absence du temps — sur le calme du Léman lacté, eau
qui sait être bleu sombre et mort, sous l'acteur même,
et d'une pâleur *intense* polie à quelque distance de
lui ; puis miroir mais de nulle chose ; puis en nappes
et en plaques bleu tendre. Au loin une route de
brume ou de douce buée sur l'eau. Tout est pâle et
parfait, lisse ou transparent ; et les monts sont cristal,
qui ne sont qu'une zone et une ligne au tiers du ciel.

XI, 661 [1926] Poèmes et PPA

θ¹ ou PP.A.

J'écoute l'oiseau invisible dans la structure dorée,
sombre, immobile, de ce que je vois du parc.

J'écoute, j'écoute et ce que j'écoute — une fois

dépassée l'idée de chant d'oiseau, — et les comparaisons etc.

et tout ce qui voudrait se substituer, aller outre, —
et je ne trouve que l'inexplicable en soi, le bruit, la sensation impénétrable... comme une couleur
Langage — État

XI, 662 [1926] Poèmes et PPA

Cathédrale — orgues pour la lumière.

XI, 711 [1926] Poèmes et PPA

Psaume
Tu n'adoreras pas les dieux des autres ;
(Mais prends garde de Te tromper sur le tien !)
Tu connaîtras le Tien à sa simplicité,
Il ne te proposera pas des énigmes vides
Il ne s'entourera pas d'éternité
Il sort de toi comme tu sors de ton sommeil
Comme la fleur et le parfum sortent de la terre confuse et du fumier qui se décompose, il sort quelquefois de ta vie, un peu de Lui et une idée de son énergie.

Cache ton dieu, que ce dieu soit ton trésor — que ton trésor soit ton dieu[1].

XII, 83 [1927] Poèmes et PPA

Au fond de la fente, entre maisons de pierre grise et fine aux ombres délicates, — paraît comme un bijou, comme un émail précieux, une montagne d'un bleu charmant, avec pins[1].

XII, 168 [1927]

Polynésie[2] — 16.4.27
Grande fureur de mistral. Ciel nettoyé.
Observe le large —
Sur le plan bleu, à intervalles et à des points dissé-minés imprévus éclatent comme signaux et événe-ment, des apparitions d'écume qui durent visibles de 4 à 10 secondes — Il en est à l'horizon.
C'est une scintillation qui prouve l'état écailleux de l'instant de la mer.
Il y a à chaque instant un nombre moyen de facettes d'onde présentant le soleil à chaque spectateur.

XII, 180 [1927]

Cloches tintent, grenouilles coassent et oiseaux gazouillent, coassements réguliers comme une scie, et sur ce fond tout le cisaillement pépié des oiseaux.
Odeurs[3].

XII, 187 [1927] Poèmes et PPA

À l'aurore. Ce cyprès *offre*. Cette maison dorée apparaît — que *fait*-elle ? Elle se *construit* à *chaque instant*. Ces monts se soulèvent et ces arbres semblent offrir et attendre. Sous la lumière naissante, tout chante et les choses divisées de l'ombre désignant la direction du soleil sont unisson.

XII, 189 [1927] Poèmes et PPA

Aube

Naissance du rose le plus délicat — Je le vois d'abord sur une maison — Depuis assez longtemps les oiseaux parlent tous ensemble — les coqs commencent.

Comme un souffle est le rose — La lune devient transparente et verdit —

Rien ne bouge, que la Terre — c'est-à-dire que la lumière qui « se fait » peu à peu.

Toute la *profondeur* que nous fait sentir l'apparence et qui n'est elle-même qu'une apparence.

Comme je sens à cette heure… la *profondeur de l'apparence* (je ne sais l'exprimer) et c'est ceci qui est *poésie*. Quel étonnement muet que tout soit et que moi je sois ! Ce que l'on voit alors prend valeur symbolique du total des choses. Un paysage quelconque est un δU[1] — Il *cache ce qu'il implique, exige*.

XII, 190 [1927] Poèmes et PPA

☆

Je vois de ma fenêtre au centre de ma vue un homme qui pioche son champ. Il avance pas à pas dans sa tâche — Courbé, planté par ses 2 jambes en terre, — chemise blanche et pantalon bleu. Il pioche et puis met les mains dans la terre.

Il est à une distance telle que l'ongle du petit doigt le cache entièrement. Il est au centre du pays que je vois, qui s'élargit autour de lui, s'élève de crête en crête jusqu'aux montagnes, de vague en vague, porteur de maisons claires toutes petites, de troupes d'oliviers, de pointes noires qui sont des cyprès.

Ceci est France et le petit être qui pioche est peut-être Français. Il y a 1 chance sur 3 qu'il est italien.

Il travaille. Il y a des hommes qui ont besoin de ce qu'il fait là et d'autres qui [inachevé].

Voici encore un paysan qui épuce ses roses, courbé, en bras de chemise, au milieu d'oiseaux qui lui partent sous le nez, et vont tomber sur la cime ou sur la branche avancée du cerisier.

Douceur de la couleur et de la figure de cette maison en forme de temple fermé au milieu des oliviers ; elle est d'une chaux dédorée où le rose de l'aurore, l'ocre, le laiteux se mêlent ; le toit aux pentes douces couvert de tuiles tachées de rouille et de tan, le triangle bas du pignon, les volets gris et bleuâtres, — le groupe de 3 cyprès massif —

Jadis elle était à Maeterlinck[1]…

XII, 212 [1927] Poèmes et PPA

Ô plante, arbre, répétition rayonnante

Tu rayonnes ton âge par saisons et par germes

Tu répètes ton motif régulièrement à chaque angle de chaque étage de ta croissante stature, et tu répètes ton essence en chaque graine ; tu te produis, tu te jettes autour de toi périodiquement sous forme de chances, — en tel nombre.

Tu élimines tes similitudes[2].

XII, 295 [1927] Poèmes et PPA

Ad Ed[mée][3]

Le matin est mon séjour.

Il s'y trouve pour moi une tristesse sobre et transparente. J'ai presque froid et encore chaud des chaleurs du lit. Je suis toujours à ce point de la journée à demi percé quant au cœur de je ne sais quel trait qui me ferait venir des larmes sans cause[4] — à demi fou de lucidité sans objet — et d'une froide et implacable « tension de compréhension ».

Voilà mon mélange, ma formule caractéristique que le matin expose à tous les matins et que le reste du jour brouille et utilise. La terrible impression du « tout su par cœur » que j'ai tant connue il y a 35 [ans] et qui m'a fait ce que je suis —

Volonté d'épuiser, de passer à la limite,

il est étrange que cette fureur glacée d'extermination, d'exécution par la rigueur soit liée étroitement en moi avec le sentiment douloureux du cœur serré, de la tendresse à un point infiniment tendre — Ce n'est pas le mot, mais il n'y a pas de mot pour ce qui est si non-commun, si opposé à la pluralité des moi.

Le matin agit et pousse ses pensées dans le temps vierge.

XII, 352 [1927]

La lumière du soir — rompue, décomposée, polarisée, énergie dans tous ses états, spectres — Source énorme sur l'horizon.

XII, 402 [1927] Poèmes et PPA

Tiger

Londres — Tigre au Zoo — admirable bête à tête d'un sérieux formidable et ce masque *connu*, où il y a du Mongol, une puissance loyale, une possibilité, expression fermée de pouvoir — quelque chose d'au-delà de la cruauté — une expression de fatalité — ce masque singulièrement décoré, d'arabesques noires très élégantes et déliées. Tête de maître *absolu* au repos — Ennuyé, formidable, chargé — Impossible d'être plus soi-*même*, plus ce qu'il faut pour être tigre.

Mais cet animal admirable croise et décroise ses bras, on voit des muscles rouler parfois légèrement sous la robe fauve fouettée de noir — La queue vit — Ont-ils conscience de ces mouvements éloignés ? — Cet animal a l'air d'un grand empire — tout à coup il s'unit.

Le « pétillement » des réflexes locaux — Chercher à déchiffrer.

Je ne puis m'attarder et étudier longtemps cette bête — le plus beau tigre que j'aie vu.

Je pense à la littérature possible sur ce sujet. Aux images que l'on chercherait et que je ne chercherais pas. Je chercherais à le posséder dans son état de vie et de forme mobile, déformable par l'acte, avant que de le traiter par écriture.

Mouvement pendulaire des fauves le long des grilles où leurs stries frôlent les barreaux.

Il ouvre la gueule. *Bâillement* — Présence et absence[1].

XII, 423 [1927] Poèmes et PPA

London Bridge
Toujours pont populeux — Rare qui s'arrête et se

perd, regard dans l'eau complexe — à nuages/nuées/ de fange, à reflets de nacre, à taches mates, à îles d'or, à barges d'où sortent et travaillent comme 2 pattes d'insecte des avirons très frêles et que surmonte une petite voile triangulaire —

Complexe des cargos, les uns dans la boue. Petits cargos s'en vont, pour lesquels il faut cependant lever les tabliers de Tower Bridge[1].

XII, 427 [1927]

4-1- — Nocturne — Fatigue et ce lieu éclairé, aux longs silences.

Colloque du Narcisse — doux labeur du visage penché.

Un peu trop de lumière, un peu trop de conscience.

Calmes plans et volumes — Noirs riches étoffés — Silences — Actions subtiles — Attentions qui se concentrent peu à peu sur les points les plus précis, abandonnant le reste obscur du monde, et au centre de la sphère éclairée, cherchant, perdant, trouvant ces [inachevé].

XII, 580 [1927-1928]

Il y a des moments après une longue tension d'esprit et de tout ce qui obéit à l'esprit dans l'être — où la solitude brusquement restituée, la marche dans la nuit — tout forme un individu monologuant — et qui le long des murs contemple un objet immobile, pèse toute chose et tient toute sa vie, peut-être, dans un froncement inconscient de son front.

XII, 605 [1927-1928] Poèmes et PPA

Chant cristallin de la Statue de Memnon[1]
A Quand le soleil se révèle et d'un rayon frappe
B Quand le soleil bondit —
moi de rosée lavé — d'abord je murmure, cris infimes, puis je chante — Substance — crépite — Source — Soleil pour l'aveugle, et enfin la lumière a tari la rosée
j'étincelle muet.

XII, 678 [1928] Poèmes et PPA

Eϱ   δk
Rêve[2] — Une jeune fille majestueuse, haute et couleur d'aurore passe dans la forêt des idées, traverse la pensée appliquée, — illumine sa trace d'une lumière étrangère qui semble plus précieuse que la lumière propre de ce silence intelligent chargé de volonté de lumière.

Elle est aussi comme un chant qui s'élève dans le désordre. Elle n'est pas ce qu'attendait le moment et l'attente sensible et définie ; mais ce qu'attend éter-

nellement ce qui est caché et ignoré — car il est des
choses que nous ne savons que nous attendions que
dès qu'elles paraissent.

Elle circule sans te voir dans l'intimité de ton
absence personnelle — et va, — faisant pâlir au passage les idoles ordinaires,

traverse le système des obligations et conventions
de la vie relative —

car elle procède sur un chemin singulier — comme
les rêves qui s'intercalent entre les lois du monde de
veille, et passent en nous entre les vrais jours et les
solides comme entre les arbres une chasse.

Alors la personne réelle qu'elle figure prend dans le
réel la puissance de cette passante spirituelle — virtuelle. Le souvenir qu'elle laissa se développe en vie
active et son personnage sensible réveillera toujours
les enchantements nerveux que son personnage imaginaire repris et ayant rayonné dans le secret de l'être
— a nécessairement opérés.

Elle ne figure dans le monde en acte (ou intérieur)
que par ce qui est à la fois elle et son désir.

XII, 740 [1928]

IIIᵉ Faust[1]

    Psaume — Monologue d'Adam.
      Le premier Homme.
Je suis sur le chemin qui jadis me menait au paradis.
Mais il faut à présent que je cherche la force

De regarder le jamais plus en face

Car — il est digne de moi, conforme à mon intention — de faire paraître

Devant Conscience

Le paquet des racines obscures,

Le terrible enchevêtrement des adhérences

Par quoi je suis tiré intérieurement à chaque mouvement — et l'esprit ne fait que gémir —

Le système profond de l'être est fait pour rendre le passé vivant et renaissant. Le Jamais plus lui brise le cœur : Était-ce donc si doux ? Était-ce non payé ? — Même le mal d'alors se fait séducteur et se met à se faire redemander.

— Va, si l'on voyait ce que l'on est

On ne serait point ce que l'on est.

XII, 783 [1928] Poèmes et PPA

Mistral. Toute la mer dans le même sens. Ennui — sub-désespoir. Solitudo. Tous ces paquets blancs en marche vers l'Est. Sur l'horizon des blocs de neige. Abattement excité — La plaie étrange r'ouverte[1].

XII, 802 [1928] Poèmes et PPA

Un groupe de pins divise curieusement la vue de la mer. À gauche, la laisse voir d'un bleu mat et gorgé de bleu. À droite du bosquet, elle est d'argent fondu, tout

incolore et éblouissante. Les pins sifflent par/sous/le mistral; vers le soleil, ils s'agitent pour grandir. Tout est ardent et le vent froid.

XII, 836 [1928] Poèmes et PPA

Lever du soleil — 4 h 45.

Dans le grand pur du bleu-universel premier, la mer bien établie — bleu sombre.

Le boulet rouge en dévore le bord, puis par pulsations —

s'élève — Jaunit, se fait or, tonne et Claude Lorrain — —

Le plan bleu jusqu'aux pins s'écaille, reçoit la divine coulée.

Toute une semence de feu à travers les pins sur la mer, dont le vent vif anime, irrite le dessus. Le même feu va surpendre des rameaux et des accidents de feuillage à travers les songes obscurs et les bouquets d'ombres dressés, et les arbres piqués, percés dans leur sommeil.

À gauche un golfe et un mont en azur noir sont encore muets et presque indéchiffrables.

Le vent

— Je me rappelle des matins si purs, si premiers, si nus au sortir de la nuit, si jeunes et si frais que c'était à en pleurer de désespoir et d'amour —[1]

XII, 838 [1928] Poèmes et PPA

Comme le grand navire s'enfonce et sombre lentement, gardant ses ressources, ses machines, ses lumières, ses instruments —

ainsi dans la nuit et dans le dessous de soi-même l'esprit descend au sommeil avec tous ses appareils et ses possibles[1].

XIII, 41 [1928] Poèmes et PPA

Poésie limousine

Puisse le ciel trop pur percé des premiers   de l'automne

Puisse le premier doute délicieux de fraîcheur

Qui dans le jour trop beau touche l'âme du Temps

Et le premier instant si précieux, en équilibre suprême,

Qui va changer le sens de toute couleur dans sa richesse

changer le *beau* en *arrêt*, et le sommet en observateur de l'abîme,

Et la chair des jours succulents en cendres amèrement odorantes,

Te faire sentir tout ce que tu as perdu.

XIII, 166 [1928]

Psaumes de —

Matin à Guéthary — Chant des coqs —

Bien-être — dans le seul, le frais-tiède, le bleu-noir fondant, à grosses étoiles rares et mûres.

Il y a un chant silencieux dans cet instant.

La paix est encore massive.

Trains et phares gardent leurs grondements et leurs éclats de nuit.

Seul à seul.

L'ennemie dort quelque part —

Les raisons dorment. Personne ne raisonne.

Les peuples sont absents. Le Germain est sur le dos,

Le Latin sur le flanc droit.

Tous ceux qui sont éveillés sont esclaves ou malades. La substance blanchit. La masse se divise. Il y a de célestes couleurs, et des lumières terrestres que les couleurs vont faire taire. Elles ne peuvent coexister. Il y a des sentiments et des nettetés en présence, qui ne peuvent coexister — Il est temps que vienne le jour, avec son épée qui divise l'esprit de l'âme et découpe *aujourd'hui* dans [inachevé]

XIII, 198 [1928] Poèmes et PPA

À 5 h 30 coucher de lune dans l'Océan — Rouge orangé — dans le bleu froid de l'aube, et les blancs bleuâtres des maisons de chaux pure. Un phare d'Es-

pagne. Bœufs qui passent, roues criardes, pas qui
écrasent le gravier. Coqs, éveil des mouches.

XIII, 223 [1928] Poèmes et PPA

Feuilles mortes. La forêt plus *belle* après sa mort
d'automne par ses couleurs plus variées, plus sonores
que celles de la vie.

Parlera-t-on ici de « nature » ? Il s'agit de choses
mourantes et mortes, et cette splendeur résulte *comme
elle peut* de la dégradation d'organes d'où la *vie* s'est
retirée.

C'est l'abandon, la décomposition, l'oxydation lente
qui emplissent nos yeux de valeurs positives puissantes.

« Qui a fait ceci[1] ? »

XIII, 444 [1929] Poèmes et PPA

Calme — Prêtre de Kronos[2]

Ô Temps —
quoique rien ne se passe de sensible
quelque chose — on ne sait où
croît.
L'être immobile (que l'on est) au sein
d'un lieu immobile aux yeux et aux sens
agit-il par *là* ?

XIII, 543 [1929] Poèmes et PPA

Une mer qui semble unie, — çà et là dans le plan,
çà et là dans le temps — éclate un petit *fait* d'écume ;
un événement candide sur l'obscur de la mer, ici
ou là ;
Jamais au même lieu ;
un épisode,
un indice de chocs entre des puissances invisibles
et des différences internes,
çà et là, ici ou là.
L'eau changée en neige, l'instant du choc changé
en blancheur, et le mouvement massif en désordre de
gouttes que l'ordre pesant résorbe aussitôt.

XIII, 568 [1929] Poèmes et PPA

Les choses nous parlent à leur façon — Parfois
chantent.

XIII, 589 [1929] Poèmes et PPA

Genève —
Feu d'artifice
Il y avait des cygnes effarouchés sur l'eau où passaient des barques lumineuses et les noirs admirables
du ciel et des eaux étaient déchirés à temps inatten-

dus, éblouis par les très belles fusées qui montaient, criaient, gesticulaient, se tordaient, mouraient en fin de splendeur[1].

XIII, 837 [1929] Poèmes et PPA

Matin. Aube noire et venteuse. Coups de canon du vent —

Tension remarquable de mes « nerfs »

Tout marque, sonne, le moindre changement — événement — sur le *présent chargé* issu du sommeil

Plein de résonances, d'éclairs, d'attentes,

Endormi aux 3/4 et le reste de l'être, une pointe vibrante.

Ondes fines très intenses, mais très étroites[2].

XIV, 104 [1929] Poèmes et PPA

Le résumé de Soi. Instants-résumés ou de sommation. 3 h du matin. Quot libras in homine solo[3] ?

Que pèses-tu seul à seul avec ta sensation d'exister ?

XIV, 139 [1929] Poèmes et PPA

Mnss. (ad δK.)[4] Il y a des jours où je voudrais me mettre au lit et dans l'ombre à n'importe quelle heure me cacher la tête et me tenir entre mes bras — entre

le sommeil et la vie, entre mon âme et mon corps —
et frémir d'être *Moi*.

XIV, 239 [1930] Poèmes et PPA

Je ne m'adresse qu'à l'homme seul — à celui qui se
relève in media nocte[1], dans la nudité de son existence
— comme ressuscité de l'autre côté de sa conscience,
toutes choses lui paraissant réelles et étrangères —
comme s'il fût venu avec une lampe dans un lieu obscur et encombré d'objets inconnus qu'elle éclaire et
transforme à chaque pas. À une heure où il n'était pas
attendu, dans un lieu qui pourrait être tout autre...

XIV, 482 [1930] Poèmes et PPA

K[2]   Amère comme tu sais l'être — ô Vie
        Amère et douce comme tu sais l'être !
Traduit Amère et douce et lourde comme tu sais
du ?   l'être, ô Vie
        Amère et douce et lourde et leste et longue
            et brève
        Comme tu sais l'être ô Vie
        Comme il n'y a que les larmes qui sachent
            juger, équivaloir, payer tes instants beaux
        Il n'y a qu'un rire qui puisse à tes maux
        bien répondre.

XIV, 583 [1930] Poèmes et PPA

Cette manière, surprenante à la réflexion, qu'ont les jours de finir par un éblouissement, une création et foison de lumières décomposées, de figures immenses, qui tombent de l'or à la cendre par degrés très sensibles ; mourant comme des héros et des dieux *de suite après le plus beau*, et comme si leur mort était la conséquence naturelle, facile et nécessaire d'une loi qui voudrait qu'il ne puisse rien y avoir *après le plus beau*.

XIV, 605 [1930] Poèmes et PPA

Coucher de soleil vers Cabris (à 600 m)
« rose et bleu mystique[1] ». Lune (pleine aux 90 %) d'une matière froide et précieuse, avec écharpes rose de Chine — sur bleu mat d'une finesse extrême. À l'Ouest le grand jeu, qui passe par des ors clairs, dans lesquels des ouvertures du bleu le plus divin. Vers Sud-Ouest roses et verts. La musique, seul de tous les arts, peut se mêler de jouter avec ceci.

XIV, 619 [1930] Poèmes et PPA

☆

L'oiseau *Sufficit*[1] — (Inspiration)

À l'heure prime — café, lune mourante — je pense aux reproches de l'Ange — Émilie — N[2] — : Et il faut commencer demain ! Vous devez…

Alors Je me réponds : (me = voix de N) :

« Ce n'est donc pas assez de s'être laissé prendre à la vie et à tant de choses dans la vie ! » Sufficit !

— Et ceci me fait engendrer l'idée de l'oiseau, pris aux rets, — L'oiseau Siffleur de toutes choses — L'oiseau qui siffle : *Sufficit* !

L'oiseau qui goûte, effleure et fuit —

que de fois pris déjà —! Et les uns et les autres, et pris à aimer — puis à créer ! Ah, le sot oiseau !

Atome de liberté, Tire d'ailes — toujours attrapé

Oiseau qui fuit dès la chose soupçonnée —

Il goûte tout l'arbre dans la graine —

Voit toute chose dans le passé. Fuit l'avenir vers le centre du Temps… Vers ce qui engendre que Tout a eu lieu — vers ce qui répond que tout *fut* possible — que Rien d'étant ne vaut ce qui pourrait être. Mais encore il s'envole au Passé du Possible — —

Ce qui devance, ce qui résume, ce qui consume, ce qui pour guide prend la mort et non point comme poison de la vie, mais comme excitant de l'esprit à user de la vie — comme seule clarté sur la vie qui soit à l'esprit — —

Enseigne que le prix n'est que le désir —

L'oiseau chante qu'il ne croit pas à ce qu'il peine pour atteindre.

À peine a-t-il deviné, goûté, effleuré, le reste est fui par ses ailes. Etc.

Intelligenti pauca[1].

XIV, 747 [1930]

Il fait affreux. Pluie et vent mêlés.

Mais je suis en deçà du verre qu'ils insultent au milieu de murs, au sec et au tiède. Mon regard prend et laisse la tempête, se fixe sur un point d'esprit *qu'il fait parler en moi*, pendant un instant ; revient au ciel embrouillé. Que de choses et de travaux ont enfin permis que la pensée puisse à l'abri, *durer*, s'assouplir, se perdre, se retrouver et prolonger ; prendre puissance, n'être pas une échappée entre deux soucis de mon corps[2].

XIV, 785 [1930] Poèmes et PPA

Rêve — 5.I.31 — De 5 à 6 — Une femme avec moi dans une campagne *claire*. Nous voyons une construction abandonnée, *claire*. De l'eau coule vers la porte béante — sur un palier carré, eau claire qui à peine le seuil franchi coule sur les marches, les couvre et s'enfonce. La femme m'entraîne. Nous marchons dans l'eau assez haute et descendons. La descente d'eau nous amène à une porte où nous retrouvons le jour et un lac immense où l'eau se jette. Le lac est *clair*, d'une transparence admirable, très profond. Nous nageons dans le plein de l'eau *claire* et vert très clair et lumineux — lumière blonde — On voit les corps des nageurs. J'ai une peur et un émerveillement de cette claire profondeur où les jambes sont d'une liberté et blancheur étonnantes. On voit *au fond* un pays vert lumineux doré de soleil doux, un sable calme et blond[1].

XIV, 797 [1931] Poèmes et PPA

C'est au réveil, au matin, que l'*âme* se sent étrange — entre passé et avenir —

Et l'un et l'autre lui semblent étrangers à elle — arbitraires — ou pris dans deux infinités de possibles — comme l'un, un livre qu'on vient de lire et l'autre, un livre que l'on va lire, dans une bibliothèque d'une infinité de volumes.

Elle se lève comme un astre — traverse des nues. Ô étrangère, et faculté de n'être aucune des choses concevables !

Peut-être n'es-tu que cet instant, cet effet, cette illusion de Moi pur, et la tristesse énorme d'exister. Quoi que tu fasses — *tu perds ton temps* ! Tu ne viendras pas à bout de tout ce que tu éclaires, Âme. Toute ta prostitution diurne aux choses et aux actes ne peut rien contre ta terrible virginité. Tes crimes, tes chefs-

d'œuvre, rien ne fait que tu aies fait quoi que ce soit.
Miroir.

XV, 271 [1931] Poèmes et PPA

Matin noir — Lampe — Éveil — Se sent comme
le seul existant ou pensant au centre d'un monde où
les hommes endormis jouent le rôle de néant. Ce
moment, triomphe du suspens et de la possibilité. Ce
vide et silence ressentis comme propriété positive :
richesse, — durée d'attente — noire et bonne terre
où une idée venue peut germer et fleurir le mieux.

— Degré du sentiment d'*être* le seul monologue
qui s'oppose au mutisme universel. La voix de l'esprit
se perd, sauf ce qui agit sur l'esprit même.

XV, 546 [1932] Poèmes et PPA

☆

Avenio… En dépit de tout — cette aube d'Avi-
gnon qui filtre et la cloche dans l'air — qui a bien la
sonorité du midi, lumière et son me remettent à l'ex-
existence. C'est-à-dire à une combinaison de jeu-
nesse-tristesse bien connue[1], une négation et pureté et
profondeur propre avec je ne sais quoi d'éternité,
d'ennui, de volonté et de secret — une songerie de
refus. Et j'entends ces oiseaux — aigus —

Cloche et oiseaux, d'une mélancolie détestée, poétique — comme s'ils rappelaient qu'ils me rappe-

laient la servitude aux *apparences* du retour bête des choses avec le jour. Le devoir vivre en vain —

Ô que jadis est près ! —[1]

XV, 559 [1932]

Zurich.
Hêtre divin du Muraltengut.

Où véritablement une figure divine féminine se dégage du tronc — et puis s'y rengage. Hanche, ventre, aisselle et bras qui s'amincit et s'allonge jusqu'au ciel et la *matière* de cette écorce lisse petits plis vraiment de peau. Luisants, argentés. Crevasses. On sent que la puissance de croissance fait crever cette peau éléphantine — cette pierre qui a vécu.

XV, 644 [1932] Poèmes et PPA

Polynésie[2]

Matin calme — Repos immense vers le lever du soleil —

Il n'y a de vie que d'insectes étourdis et d'hirondelles ivres. Chaleur à l'état naissant.

Comment « rendre » cette immobilité[3] ?

Le paysage devient peinture —

Silence —

Silence et immobilité, conditions des arts plastiques.

XV, 786 [1932] Poèmes et PPA

☆

Psaume

L'espoir voit un défaut de la cuirasse des *choses*;
Et *choses* sont
Tout ce qui n'a pas de mesure commune avec l'in-
dividu.
Tout ce qui ignore les échanges
Entre le désir et sa satisfaction.
Un homme dont j'ignore la sensibilité m'est *chose.*
Un homme sur la sensibilité duquel je spécule,
m'est *animal.*
Un homme auquel je prête une sensibilité m'est —
égal.
Un homme à la sensibilité duquel je sacrifie la
mienne m'est plus qu'égal.

XV, 805 [1932]

Psaume de l'Artiste

Mes moyens sont les arbres, les montagnes, les
hommes
Les passions. — Matières de mes actes —
Je les prends et manœuvre — en tant que pièces
séparées. Ici un lac, — ici un cœur —
Je dérange le hasard —
De même que les yeux voient plus de choses qu'il
ne faut, ainsi les actes peuvent faire plus d'objets qu'il

n'y a de besoins « réels ». Et l'âme créer des besoins pour ces actes.

XVI, 31 [1932]

☆

Élégie

... Et moi aussi, j'ai fait quelque chose de rien :
    De ton silence, une douleur...   une créature
                un eterno dolor.
                une secrète plaie
    De ton sourire, une aurore[1].

XVI, 77 [1932]

☆

Au soleil
—

Au soleil sur mon lit après l'eau —
Au soleil et au reflet énorme du soleil sur la mer,
    Sous ma fenêtre
Et aux reflets et aux reflets des reflets
Du soleil et des soleils sur la mer
    Dans les glaces,
Après le bain, le café, les idées,
Nu au soleil sur mon lit tout illuminé
    Nu — seul — fou
       Moi[2] !

XVI, 204 [1933] Poèmes et PPA

Tout à coup sur la mer polie, ondée légèrement et régulièrement doucement, — un événement local, un choc d'en-dessous — un ébrouement ; — puis l'homogène aussitôt se reforme — comme un incident, un bouton sur la peau naît et s'efface. On ne sait quoi vint rompre la surface.

Au fond, la mer pâle ne se distingue du ciel même, bleu pâle, que par les ombres longues des rides de l'eau dont le reste est confondu à l'air.

Vers 9 h [du] m[atin] une coloration rosâtre s'étend — mais je ne sais si ce n'est une complémentaire ?

XVI, 222 sq. *[1933]*

Negresco[1]. Tristesse — Solitude — luxe fade et pauvre — Fausseté. Administration. — Les musiques désolantes déchirent. L'extranéité de tous ces êtres. Théâtre du coûteux.

XVI, 227 [1933] Poèmes et PPA

Un jeune et fort homme considérait « sa vie », un matin. Il faisait pur et chaud. Toute sa vigueur au soleil se contemplait ; il respirait pleinement ; sentait sa masse et sa légèreté, sa puissance brutale et sa gaieté aimable, les forces de son sexe, de ses bras, de son regard et de son jugement rapide.

Il considérait, un matin, sa vie, son possible comme on regarde au soleil une belle épée bien en main.

XVI, 247 [1933]

Dixit Dominus Domino Meo[1]

Alphabet   Mon esprit a tendu dans mon esprit des pièges et des filets pour les proies qui me conviennent.

J'attends de mon esprit de quoi nourrir mon esprit.

XVI, 267 [1933]

À l'aube — ce pays se compose peu à peu. La composition change avec l'accroissement du détail et des différences des tons, après celles des valeurs, avec l'heure. Les dans le sens vertical [sic] — autres variables. Les transparences, à cause de la brume amassée dans les fonds, croissent de bas en haut. Il y a des vapeurs comme solides dans l'air immobile. On voit croître les forces des formes et des couleurs *propres* — car il n'y a pas d'ombres encore — et tout est écrit dans une tonalité plate homogène en tapisserie. Je regarde de 15 secondes en 15 secondes ce tableau. Les oiseaux piaillent. Rien n'est plus insensiblement progressif. Cette naissance du détail et des rapports internes de l'ensemble que marquent les colorations distribuées est très musicale. La musique seule peut — etc.[1] Ma lampe réfléchie dans la vitre fait un dernier fanal sur le bleu tendre d'avant l'aurore. Contraste de mon papier et des *mots* avec « l'univers » étranger qui

se reclasse par la fenêtre[2].

XVI, 272 [1933]

Divers

J'ai *rencontré* Notre-Dame — Je veux dire qu'elle m'est apparue tout à coup (comme je passais sur le quai) en objet inconnu — sans rapports antérieurs avec moi —

C'était là véritablement la voir, — ou non ? — J'étais frappé de son étrangeté, comme un Hellène l'eût été. Cette formation bizarre de masses et de détails aigus, ce grillage de colonnettes —, ces grosses tours et la pointe fine au-delà[3].

XVI, 509 [1933] Poèmes et PPA

Psaume : Dixit Dominus Domino meo[4] —

Je m'incline devant *ce que je suis*; *ce que je veux* s'incline avec amertume devant *ce que je suis*.

Ce qui me repousse, ce qui me blesse, ce qui se dérobe sous mes pas, ce n'est que *ce que je suis*.

Ce qui me pousse et me retient loin de *ce que je veux*, cela est *ce que je suis*.

XVI, 888 [1934]

Sur le calme dormeur, plane la mer… Écoute. Écoute l'égalité du calme et l'équivalence des temps[1].

XVII, 249 [1934] Poèmes et PPA

Matin. Soleil — Place du Carrousel — juin 34

Comme je vais au Conseil des Musées — une femme jeune me contrepasse. Je l'observe passer. L'air *enchanté*, absent et léger — étrangère au milieu, *par le regard*; — contente de soi et de la lumière, *par l'allure*. Il y a vanité, euphorie, suffisance, dans ce système aux yeux bleus. *Tout* son être visible semble une *partie d'être* gaiement aventurée dans l'espace — où les autres et les pierres sont également présents et à éviter. Tout son être visible lui est un organe momentanément plongé dans un monde amusant mais indifférent, — comme une main dans l'eau, — un tour en barque. Elle admet ce qui est et garde le principal de soi hors du moment. J'ai dit : *l'air enchanté*. C'est bien cela. Après tout, elle entend peut-être… *ses voix*.

XVII, 276 [1934] Poèmes et PPA

☆

Là-bas : *où je suis et ne suis*
Je suis l'écume qui monte sur la roche et en rejaillit et redescend à un mille d'ici. Mon *âme* est *là-bas* — « *Là-bas* » est un foyer où se concentrent, se composent, se reconnaissent les puissances de figure et de mouvement que les images de cette écume viennent exciter *en moi*. Je donne la distance, le relief, l'assaut, le rythme, la durée[1].

XVII, 446 [1934]

31-7bre-34
Furieuse tempête Sud-Ouest créée, *improvisée* en 1/4 d'heure sur une première heure de calme plat, donnée, — ardoise si plane que le tableau de la mer sous ciel mort et mat semble — *est* — vertical et peint d'une seule pièce comme un mur. Tout à coup, le vent vient. Les moutons se font. Bientôt cette mer subite est par certaines régions comme une plaine de neige.

Vers 16 h. un maximum. Je vais avec F[rançois][1] sur les falaises — Tout le spectacle.

Je sens l'absurde présence de « l'artiste » latent en nous, qui ne peut voir une chose frappante et qui s'impose aux sens, qu'il ne songe, de plus ou moins près, à l'expression par quelque moyen, peinture ou mots, de ce qu'il voit. Il y a, dans cette impulsion, le sentiment de vouloir *partager* l'impression. On sent que l'on ne pourra décrire à X cette splendeur de désordre et l'étrangeté des lumières du ciel et de la mer, l'assaut, l'énormité des lames, la quantité des écumes, les *effets* de masse et de bruit, les forces vives et le double arc-en-ciel tout à coup très complet enjambant le monde au-dessus de l'Est[1].

XVII, 465 sq. *[1934]*

Homo scriptor

Je regarde la mer en furie — et le Dictionnaire caché, tapi dans *l'être de lettres*, veut à chaque plus beau coup *joué* par les lames ou les nues et *gagné* par les yeux, lâcher un vol de mots dans la région sensible et éclairée où passe dans la lumière spirituelle ce qui se fait articuler et écrire[2]…

XVII, 470 [1934]

Quoi de plus « auguste » que l'immobilité des feuilles de l'arbuste, au matin calme, quand elles semblent écouter le chant de lumière du soleil s'élevant ?

Il verse les ombres et la première forme des formes naît de sa tendre puissance.

Son œuvre deviendra dure et insupportable de netteté. Mais il est encore entre la rose et l'or[3].

XVII, 475 [1934] Poèmes et PPA

Mer — plate — grise, avec de grandes parties gre-
nues qui montrent une activité locale, une démangeaison, un fourmillement de surface.

L'onde est forme. Immobile, et sa matière mobile ;
ou mobile et sa matière « stationnaire[1] ».

XVII, 487 [1934]

EƟ [Éros]
La douceur de la chose effleurée répand dans tout
l'être dont la main l'effleura, une sorte de message
d'inquiétude voluptueuse, qui, dans l'instant même,
transforme le présent, l'aveugle sur le reste des choses,
lui donne un penchant d'avenir, un avenir instantané
sèche ou humecte la bouche, suspend le souffle,
échauffe le visage, serre le cœur et fait du regard un
chef-d'œuvre d'éloquence, un parleur pathétique[2].

XVII, 508 [1934]

EƟ. [Éros]
« Comme une pierre trop lourde que je ne puis
déplacer ;

comme une porte solide que j'ébranle à peine et ne puis ouvrir ;

comme une grappe trop haute que mes bonds ne font que porter mes mains à l'effleurer ;

ainsi — ce qui peut donner et qui ne veut. »

XVII, 560 [1934]

EQ (Psaume) type —

... Je te prendrai par le cou, à la base. À la base du voir et du savoir, entre l'Âme et l'Esprit

je te tiendrai par le soutien de la tête rebelle, par le support de ton plus haut ;

je te conduirai où je veux ; où tu ne veux (aller)

je te mettrai puissante et résistante à mes pieds et je te dirai que je t'aime

Et je te ploierai par la nuque de la vie[1] jusqu'à ce que tu l'aies compris, bien compris, bien appris

Car je suis ton seigneur et ton maître ;

Tu pleureras, tu gémiras ;

Tu chercheras une parole ;

Tu lèveras tes mains suppliantes ; (tes belles mains très suppliantes, tes belles mains et tes regards)

Tu pâliras, tu rougiras,

Tu souriras, tu saisiras dans tes bras nus mes jambes dures ;

Tu m'aimeras, tu m'aimeras,

Car je suis ton Seigneur et ton Maître[2].

XVII, 780 [1935]

☆

Au milieu de la campagne sombre encore
une maison se dore et un amandier en fleurs, seul,
S'illumine —
Démontrant le soleil à mes yeux
qui ne le voient pas directement
Et un grand Arbre, d'entre les arbres et les plantes
obscurs,
S'enflamme, secouant dans le vent froid du matin
Toute une foule de groupes et un désordre de
détails délicats
De sa masse lumineuse de verdure —
Les oliviers à leur tour naissent à leur figure fine et
brouillée d'argent ;
Le rose fade de l'Arbre de Judée se montre.
Le toit rouge de tuiles se montre.
Les masses de pins crépues se montrent. Les formes
de collines se montrent.
Tout se montre avec de fortes ombres qui s'accusent,
L'esquisse se précise. Chaque partie se subdivise.
Chaque fragment peut vivre de sa vie.
La démonstration de chaque hypothèse se fait.
Je distingue chaque feuille. Je *puis* séparer chaque
objet.
On ne peut plus douter de…
Les noms se sont posés définitivement sur les choses
Ce qui va être se débrouille et se dégage[1].

XVIII, 32 [1935] Poèmes et PPA

L'oiseau cruel toute la nuit me tint
Au point aigu/Au plus aigu/du délice d'entendre
Ce chant/Sa voix/qu'élève une fureur si tendre
Au ciel brûlant d'astres/Aux astres/jusqu'au matin
La voix vivace et violente et tendre
Qui perce l'âme[1]

XVIII, 177 [1935] Poèmes et PPA

Observation

Je regarde la fumée de ma cigarette posée ; Elle est un doux ruban avec des fils sur les bords, qui s'évase, se noue, se dénoue, fait des nappes à échelons, à tourbillons, etc.

Et je suis émerveillé, mortifié de ne pas concevoir comment cette transformation fluide, ce flux de formes et de figures successives, qui s'engendrent si facilement et librement, avec une grâce, une fantaisie, une suite et une continuité, comme une invention, etc. — m'est perceptible. Comment je (mon œil) *suis* cette suite ? Je suis là, comme j'écouterais de la musique. C'est le même état.

Comment s'additionnent ces figures[2] ?

XVIII, 206 [1935]

Poème : Logique

La partie raisonnante de l'esprit — quittant tout à coup l'image visuelle-motrice, sur les ailes de la faculté de répétition et des formes de répétition, — *décolle*, — abandonne le sol sensible et vole *aveuglément*, selon une ligne « droite » de conséquences — surprenantes pour le reste de l'âme mentale — qui, bientôt, n'a plus de quoi *donner un sens humain* à ces propositions —

XVIII, 266 [1935]

5 h-m[atin] — mer pâle — aussi plate et peu réelle que possible, lavée avec beaucoup d'eau vers le bas du ciel, unie, et semblant immobile à jamais.

XVIII, 277 [1935] Poèmes et PPA

Une écume s'allume, *de temps à autre,* sur le champ de la mer, et ces *temps* créés par le hasard[1].

XVIII, 314 [1935]

Grasse — 15 déc. 35

Neige peu dense sur le sol, pas sur les arbres — effet à la Breughel. Le sol frotté et non couvert. Ce matin soleil.

Impression frileuse et dorée — sensation d'enfance en moi. Mélange d'excitation et de mélancolie —

XVIII, 566 [1935] Poèmes et PPA

29 déc. 35

Un immense peuple de petits oiseaux paraît dans le ciel qui est de tempête. Vent Sud-Ouest avec nuées basses violemment entraînées — quantité innombrable de ces oiseaux, venus je ne sais d'où — qui s'assemblent par troupes — forment une armée, un corps d'éléments volants à grande vitesse, qui décrit des évolutions remarquables, donnant l'impression de profondeur — de masse — comme un torrent sans terre, un fleuve de fumée —, fait des 8 qui tiennent un quart du ciel, s'émiettent en compagnies, se regroupent — — On ne conçoit pas le but de cette revue — de ces manœuvres en courbes fermées[1].

XVIII, 622 [1935] Poèmes et PPA

« Nous sommes toujours tristes, dirent les anges. Nous savons trop de choses sur Lui.

Mais nous le craignons, et sa puissance infinie.

Nous ne dirons rien. Nous ne dirions rien.

Et vous ne pourriez pas comprendre.

À peine cette chose grossière, la Création, votre coquille de boue et de lumière, vous est sensible.

Mais si vous conceviez ce qu'Il est, quand
Il n'est pas Créant, créateur ! »

XIX, 16 [1936]

☆

Au cœur de la nuit.

Je me suis penché vers la forme de la clarté de la
lune sur la forme de la vaste nuit, par la fenêtre avant
de la clore ;

et voici : je ne sais quoi a frôlé mon esprit — et je
n'ai pu saisir cet esprit de mon esprit. Souvenir, peut-
être. Mais cela n'a pas vécu jusqu'à être

Plus que rien —

qui ne laisse

que ceci.

XIX, 329 [1936]

☆

Hai-Kai [1]

J'attendais je ne sais qui ? (Toi ? ou le jour — ou —)
Il vint une pensée.

———————

Autre.

La montagne semble attendre quelque chose ;
L'eau vive courir après quelque chose ;
Le soleil lentement chercher pas à pas
Le point d'où Il verra quelque chose.

Autre

La lune tout à coup s'est fait place
Dans le trouble du soir
Comme une femme curieuse dans la foule
Se trouve au premier rang.

XIX, 910 [1937] Poèmes et PPA

Où s'en vont les idées rejetées, les projets repoussés ? les croyances ruinées ?

L'arbre est au calme. Il se conserve identique dans son bain de lumière.

Mais hier, il se tourmentait par toutes ses feuilles, tous ses rameaux et toutes ses branches, jusqu'à son puissant tronc, couleur de pierre, et presque pierre. Où est son agitation, son emportement enchaîné, ses torsions de bras et de mains ?

XX, 627 [1937] Poèmes et PPA

Alph[abet]

EQ[1].

« Quelle étrange chose que ce qui est bon ! » Ce parfum, — cette crème de lait — le tour de ce col ; et, de mes mains, la descente par les épaules sur les seins

— jusqu'à la formation du solide du torse selon une douceur continue du toucher, et une suite de modulations de forces dans mes doigts, de pressions et de glissements au contact, qui rendent l'âme créatrice de ce qui s'offre à cet acte de place en place et de meilleur en meilleur. Je te fais et te refais — Je ne puis *abandonner* cette action par excellence, perdre ce chant de mes mains.

XX, 710 [1937]

An abstract Tale[1]

La révélation anagogique

1/En ce temps-là (mdcccxcii) il me fut révélé par deux terribles anges, Nous et Éros, l'existence d'une voie de destruction et de domination, et d'une Limite certaine à l'extrême de cette voie. Je connus la certitude de la Borne et l'importance de la connaître : ce qui est d'un intérêt comparable à celui de la connaissance du Solide — ou (autrement symbolisé) d'un usage analogue à celui du mur contre lequel le combattant adossé et ne redoutant nulle attaque *a tergo*[2], peut faire face à tous ses adversaires également *affrontés*, et *par là, rendus comparables entr'eux* — (ceci étant le point le plus remarquable de cette découverte, — car, parmi ces adversaires, *Celui qui est Soi*, ou ceux qui sont la *Personne* qu'on est et ses diverses insuffisances, figurent comme les étrangères et adventices circonstances).

Et les deux anges eux-mêmes, me chassant devant eux, se fondaient donc en un seul ; — et moi, me retournant vers et contre eux, je ne combattais qu'une seule puissance, une fois le Mur ressenti aux épaules.

2/ J'ai cherché à voir cette borne — et à définir ce mur —

— J'ai voulu « écrire » pour moi, et en moi, pour me servir de cette connaissance, les conditions de limite ou fermeture, ou (ce qui revient au même) celles d'unification de tout ce qui vient s'y heurter ; et donc aussi celles qui font qu'on ne les perçoit ordinairement pas, et que la pensée se fait des domaines illusoires situés au-delà de la Borne — soit que le Mur se comporte comme un miroir, soit comme une glace transparente — ce que je ne crois pas. Miroir plutôt ; mais n'oublie pas que tu ne te reconnaîtrais pas dans un Miroir si tu n'y voyais quelque autre, et dans celui-ci tu n'en vois point.

Que si cependant tu étudies ce que tu y vois, tu observeras que le personnage étranger fait ce que tu te sens faire.

Ce sont donc les variations corrélatives qui te permettront de comprendre que ce personnage est *de toi* ; qu'il n'a pas un *acte* de *plus* que *Toi* ;

et par là aussi, ce Toi prend place en quelque manière, dans l'*Antego*, et devient partie.

3 — Ainsi des propriétés de topologie, de limitation de commune — quasi mesure, m'apparaissaient

et me dirigeaient vers un système de notation *absolue* qui excluaient l'explication — pour tenter la représentation utilisable — et la possibilité de traduire en pouvoirs réels toute chose —

4. Ainsi une volonté de pousser la *fonction* du *Moi* à l'extrême — et non sa personnalisation croissante (ce qui est le phénomène remarqué dans le réveil, *reprises*, etc.).

XXI, 70-72 [1938]

Psaume — Mon esprit pense à mon esprit.
　　　　 — Mon histoire m'est étrangère.
　　　　 — Mon nom s'efface et mon corps est idée.
　　　　 — Je suis ce que je suis.
　　　　 — ce que je fus est avec tous les autres.
　　　　 — etc.[1]

XXI, 114 [1938]

Polynésie[2]
4-38　L'homme regarde — La vue est devant lui.
　　　Une quantité de *choses*.
　　　Une totalité opposée.
　　　Une diversité massive étrangère qui est ce qu'elle est…
　　　Il a *donc* la vague sensation que ce qu'il voit *pourrait* bien être tout autre.

Un autre Tout devant lui — ce ne serait pas moins un Tout et un Lui…

— Que *faire* de Tout ceci ?

Que faire de ce grand champ pur du haut — où le mouvement de l'œil ne trouve rien qu'une douceur libre ?

Que faire de tous ces incidents de lumière et d'obscurité, de ces masses et de ces détails infinis, suspendus, hérissés ? — — De ces formes sur quoi la *main de l'œil* passe et qu'elle éprouve, selon le rugueux, le poli, le nu, le poilu, le coupant, le mouillé et le sec ? *Que faire* ?

c'est-à-dire *en quoi le changer* ?

Dessiner — Peindre — Parcourir — Faire abstraction de — Évaluer en mots — (ciel, bois, mer, etc.)

(Oh ! combien je Me reconnais dans ce regard et ce genre de regard[1] !)

XXI, 164 [1938] Poèmes et PPA

Chanson
Que vaut Tout ? Rien et Tout
Que vaux-tu ? Ne sais —!
Présages, essais,
Puissance et dégoût ? —
Que vaut Tout ? Ne sais
Que vaux-tu ? Rien, mais tout.

Où vas-tu ? À mort.
Qu'y faire ? Finir
Ne plus revenir
Au coquin de sort
Où vas-tu ? Finir.
Qu'y faire ? Le mort.

Que sais-tu ? L'ennui.
Que peux-tu ? Songer
Songer pour changer
Chaque jour en nuit
Que sais-tu ? Songer
Pour changer d'ennui[1].

XXI, 508 [1938] Poèmes et PPA

Nice. Sur la mer (bleu vert très délicat et clair — ciel d'orage lointain — doré au-dessus de l'horizon — un pied de hauteur — et sur ce doré des fines chevelures de pluie — —). Sur la mer glisse une douce houle — reflets de soie. Curieux mélange du sourcilleux et du tendre. L'orage demeure au large — De temps à autre un éclair — On entend à peine le tonnerre et non toujours — au bout de près d'une minute — près de 20 km.

XXI, 682 [1938]

«Ne me laisse pas seul», dit mon esprit à mon esprit —

Lis, défends-moi contre moi-même — fais un raisonnement, un calcul qui t'occupe — —

Défends-*moi* contre le désordre et le pire que j'engendre —

Contre le vrai — — La vérité est toujours terrible. La certitude est inexorable. Ne regarde pas par la fenêtre qui donne sur la nuit.

XXI, 686 [1938] Poèmes et PPA

☆

PSAUME — (L'onomastique)
θ¹

Où est encore le *nom* de Celui qui s'éveille?

Qu'est devenu le *nom* de Celui qui est saisi par l'extrême douleur?

Comment s'appelle celui qui, cramponné et saisi dans les charpentes de la femme, se foudroie en soi-même et subit son éclair?

———————

Au-delà, en deçà des *noms*

Sont les *pronoms*, qui sont plus — *vrais* déjà, et plus près de la Source.

Et ces mots qui viennent aux amants et aux mères, et qui sont de l'instant, du tout près de la sensation de la vie — quand la chair trop près de la chair balbutie.

———————

Pourquoi avoir nommé *Dieu*?
Avoir exposé aux louanges, aux blasphèmes,
Avoir livré aux combinaisons des propositions,
Aux images qu'on peut dessiner, aux démonstrations d'existence!
Avoir rendu semblable à un être et à une chose
La Réponse improférable,
L'Essentiel essentiellement niable
Sitôt qu'on le retire de son événement
Pour le mettre parmi les êtres dans la parole
L'obligeant à subir toutes sortes de questions?

———————

Avec le nom commence l'Homme
Avant le nom n'est que le Souffle,
La rumeur
Qui doucement consume le dormeur,
Le râle du jouir, du mourir,
Dans tous ces temps qui sont sans connaissance.

———————

Écoute le son de la Voix, Vierge ou Veuve de mots.

XXI, 870 sq. *[1938] Poèmes et PPA*

Lucifer — « Totalitaire »!

Mnss[1]

La nuit est encore *tout* entière/intacte/. La lampe éclaire le noir pur sur mes vitres.

J'allume un peu de tabac frisé et je fais griller un grain d'encens sur ce petit feu.

223

Je vois alors *Toutes* choses. Et *tout ce que je pourrais penser* ou sentir me semble un petit objet dans le creux de ma main spirituelle.

Tout ce qui est pensable et connaissable forme ce galet dans le creux de cette main.

Ce moment est au-dessus de *tous* les autres car il sort du sommeil —

Le fait de penser, la sensation de connaître est plus considérable que *toute* pensée.

Il n'est pas de parole, de sentence, de loi, de vers ni de formule qui ne soit moindre.

L'espace engendre et résorbe *toutes les formes*;

Tous les édifices possibles sont dans la pénombre de mon pouvoir.

Je suis *avant* « *Toutes choses* »; mais *après* ce qu'il faut pour qu'elles soient.

Je suis seul et tête à tête avec *tout ce qui n'est pas* en pleine action.

… Ce *Tout*, ces *toutes* n'est que la sensation de *mon* écart —

Le mot *Tout* est l'Anti MOI — l'Antego absolu.

XXII, 31 [1939] Poèmes et PPA

Psaume N[1].

… Écoute, mon Seigneur, ce que chante ce moment par la fenêtre ouverte, gorgée de plantes et d'arbres et de bleues profondeurs accidentées, semées de toits comme de points — et rayée de vols comme elle est peuplée de rumeurs et de pépiements…

Elle dit que si tu te sentais heureux et comblé de toutes choses désirables, dans la plénitude du bonheur, impuissant à trouver le défaut du jour, la tache du soleil, le vice de l'instant, la fissure ou le point de rouille, etc. — —

Alors, il te resterait toujours l'affreuse réponse à toute cette perfection — etc.

Le parfait se détruit soi-même. Quoi de plus destructeur que lui ! Le fruit engendre le ver, et le Zénith le Nadir.

L'éternel est l'instant qui suffit à consumer toute durée —

Etc. — Comment renais-tu, vie, de la mort où s'élève ta jouissance ?

Etc. Tu ne m'aimais donc pas puisque tu peux reprendre souffle et regards…

XXII, 291 [1939]

Psaume

Mes yeux soutiennent le monde.
Mes regards travaillent la présence colorée, opposée,
Tracent, circonscrivent, confirment — AGISSENT.
Construisent, suppriment — veulent et refusent.
Distribuent le contraste et les similitudes.

XXII, 442 [1939]

☆

Psaume

Et l'Éternel lui dit —
Tu n'écriras pas pour les hommes !
Bêtes sont-ils ! Bêtes les hommes,
Cette race
Qui ne vaut rien !
Je les ai faits avec de la terre,
Avec un souffle les ai doués
D'un semblant d'(indépendance),
Et ils se crurent quelque valeur.
— Un peu de souffle, un peu de terre
Cela ne coûte vraiment rien.

Mais Toi, puisque tu m'interroges,
Puisque tes yeux se tendent vers le vide
Et lui demandent mon avis :
Écoute, écoute :
Que si tu crois à l'écriture,
Écris pour ce que tu serais
Et pour les êtres qui seraient
Si… j'étais un tout autre dieu
Que vous n'avez pas encore rêvé !

XXII, 561 sq. *[1939]*

☆

Prière réelle II (Psaume) —

Dixit insipiens in corde suo : Non est Deus[1].

Celui-là, du moins, parle net —

Mais, ô insensé, qui donc insultez-vous quand vous vous blessez ou qu'un hasard vous lèse en quelque chose ?

À qui demandez-vous l'impossible ?

Et qui rendez-vous responsable de tout le mal du monde ? Il faut bien que Quelqu'un ait manqué son œuvre — —

Ne sentez-vous pas un invincible besoin qu'il y ait une Personne à maudire, à remercier, à appeler, à tromper, à tenter, sommer —

(Traité du Vrai Dieu, observé dans les Hommes)

XXII, 713 [1939]

« Albe »

(Application du système à un poème en prose[2])

Albe me dit : « Viens-tu ? »

Viens-tu ? Je me sentis participer de deux natures.

Viens-tu ? Mon oreille à regret m'invitait à comprendre, à venir — — Mais ce timbre, cet *U*, cette mélodie de deux notes m'ôtait la force de me rendre et d'obéir. Je demeurai enchanté, dans un monde sonore [où ces sons de cristal étaient de la substance… etc.]

Albe me dit : *Mais viens donc*!

Or la voix n'était plus la même : il y avait en elle de la volonté, de l'impatience, des infiniment petits étrangers à l'extase et trop vrais. Le son cédait au bruit. Le Reste envahissait l'Éden. Le temps pur se chargeait des nues du souvenir et des devoirs. La compréhension supprimait la substance. La magie, le Non-sens créant un sens.

XXIII, 110 [1940]

Poème

Je connais les douces parties de l'âme et ce qu'elle aime que l'on touche, comme il en est des plus sensibles lieux les plus sensibles de notre corps.

XXIII, 182 [1940]

En moi toute vaste étendue
Engendre une *sorte* de rêve
Je contemple avec ce regard
qui se sent à toute pensée
Ce que l'espace est à tout corps.
Je ne vois pas ce que je vois
Mais le lieu même du visible.
Mais ce que veut cela qui voit.
. . . .

Et je voudrais créer un signe
qui devant tout ce qui paraît
Se placerait, lui imposant
La seule valeur de *possible*

. . . .

C'est en quoi le mystère vrai — —
Est bien la lumière même[1].

XXIII, 208 [1940] Poèmes et PPA

15 mai	Radio de 6 h 30

15 mai
40
Malmaison[2]

Radio de 6 h 30
Ce paisible jardin — Le son du canon
— la nouvelle de la chute de la Hollande armée — — Coup. Ciel beau.
Doux soleil. Les enfants dans la bataille de là-bas. Tous les bruits arrêtent le cœur. Et la contradiction totale s'empare de l'être. Être, tu n'es plus Moi. Soif de savoir, horreur d'apprendre. Impulsions de force et tombes de faiblesse. Combats étranges du présent et du futur —
Le jardinier ratisse, et son enfant joue autour de lui.
3. 30 Visite. Histoire de l'Anglais.

XXIII, 298 [1940] Poèmes et PPA

Psaume   La pensée de *ce qui est* empoisonne *ce que je vois*.

La beauté du soleil et de la mer font souffrir. Car *il faut souffrir* — et le beau doit y travailler aussi.

XXIII, 392 [1940]

Que de choses tu n'as pas même vues, dans cette rue où tu passes 6 fois le jour, dans ta chambre où tu vis tant d'heures par jour ! — Regarde l'angle que fait cette arête de meuble avec le plan de la vitre. Il faut le reprendre au quelconque, au visible non vu, — le *sauver*, — lui donner ce que tu donnes par imitation, par insuffisance de ta sensibilité, au moindre paysage sublime, coucher de soleil, tempête marine, ou à quelque œuvre de musée. Ce sont là des regards tout faits. Mais donne à ce pauvre, à ce coin, à cette heure et chose insipides — et tu seras récompensé au centuple...[1]

XXIII, 480 [1940] Poèmes et PPA

J'aurais voulu te vouer à former le cristal de chaque chose, ma Tête — et que tu divises le désordre que présente l'espace et que développe le temps, pour en tirer les puretés qui te fassent ton monde propre, de manière que ta lumière dans cette structure réfringente revienne et se ferme sur elle-même dans l'instant, substituant à l'espace l'ordre et au temps une éternité. Et ainsi je serais sans être et je ne serais pas sans ne pas être — et la mort n'étant qu'un effet du monde naturel, comme la vie, toutes deux inséparables de lui, il arriverait que le décomposant et le résolvant de la sorte, et la vie avec lui, la mort s'évanouirait avec elle et avec lui.

XXIV, 3 [1940] Poèmes et PPA

θ EΩ[1]

À peine Elihu avec la fille de Chanaan eurent-ils achevé d'accomplir l'œuvre de chair, et comme leurs yeux se rouvraient à la diversité des choses de la lumière, ils furent saisis d'une seule stupeur, car ils virent au pied de leur couche d'abomination, l'Ange dressé comme une flamme.

Et sa voix de glaive glacé leur dit jusqu'au fond de leurs cœurs, qui battaient de la même épouvante : Qu'avez-vous fait ? Et voici que vous avez mêlé vos corps d'iniquité, et échangé vos âmes et partagé une volupté comme des voleurs se partagent leur butin. Vous avez dérobé au Seigneur ce qu'il y avait en vous de puissance de feu, et l'avez sacrifié à cette œuvre de fornication, agissant l'un avec l'autre, chacun selon sa nature… Etc.

— Mais Elihu, prenant la parole, lui répondit : Il est vrai, Monseigneur, mais puis-je te dire pourquoi nous le fîmes et quel est le sens de ce qui te paraît un sacrifice de péché ? Nous savons que tu ne peux le comprendre et qu'il ne te fait pas besoin, car tu es ce que tu es et tu es le familier du feu de l'éternel — Tu participes de lui par ton essence, et tu brûles devant le Très Haut comme la roche de marbre au soleil devient splendide en elle-même, et se pénètre de sa force et la reflète de toutes parts etc. Mais nous, formés de boue et si loin de la Lumière, en vérité nous l'ignorons comme des bêtes et nous n'avons rien que ce que nous sommes pour nous faire le moindrement capables de Lui. Et donc nous avons choisi le meilleur de nos instants de vie, et le plus doux et à la fois le plus ardent de nos actes, celui que nous désirons entre tous et qui a le privilège de créer — Par là nous nous détachons de toutes choses et nous connaissons qu'il existe un mode extrême d'être où nous ne pouvons, sans doute, que vivre un instant presque indivisible — si c'est vivre, car cela est tout autre chose ; un instant où ni la pensée, ni les objets, ni même notre connaissance de nous-mêmes ne nous suivent. Que peut être ce fragment détaché de je ne sais quelle éternité d'éclair et qui ne ressemble à rien — pas plus que la lueur de l'éclair ne ressemble à la couleur des choses mais aveugle le regard ? N'est-ce pas là le seuil de l'éternel, et quel autre moyen avons-nous de nous tirer de ce qui nous entoure et nous borne, et de la terre et la vie qu'on y mène, assujettie ?

Des êtres qui jamais n'eussent entendu parler du Tout-Puissant, et auxquels Il ne se fût point révélé par la Parole, comment et par quelle voie leur viendraient le soupçon et le besoin de son existence ? Sans doute, le spectacle des cieux et de leur ordre, et celui des vivants et de leur merveilleuse conservation les feraient penser et chercher. Et peut-être auraient-ils l'idée d'une suprême volonté. Mais ils adoreraient le soleil et les étoiles et s'arrêteraient à cette superstition. Ils se feraient des idoles, car comment pourraient-ils se donner pour maître et créateur ce qui ne ressemble à rien ? L'Incomparable ! Car le vrai Dieu doit l'être, si nous ne nous trompons pas.

C'est pourquoi, cherchant dans notre expérience ce qui puisse conduire à la vérité, nous avons trouvé dans cette extrême sensation, si séparée de toutes les autres (si ce n'est de la douleur aiguë) si irréductible à la pensée et aux objets de l'univers, un signe fulgurant qui est appelé un Plaisir, mais qui n'est pas du tout semblable à un plaisir — — etc. »

L'Ange se dissipa, ces choses dites, comme se dissipe une conscience devant l'incompréhensible.

XXIV, 21-23 [1940] Poèmes et PPA

En présence de… la pensée

Au réveil — devant la reprise — Encore bien distinct de ce qui commence à se dresser et agiter, un concert naissant de thèmes discors, comme l'orchestre avant le signal, un chantier de souvenirs, d'ennuis, de porte-à-faux, de coups d'éperons, morsures, formules, — et tout cela est moi et n'est pas moi ; et le sentir en fait partie —

L'inutile et le blessant de tout ceci — Vaincre tout ceci ? N'être que tout ceci ? « Tout ceci » est plus sinistre encore que le crâne dans Hamlet. La tête vivante et produisante, où grouillent toutes ces bêtes de l'intellect, du cœur et autres lieux ; ces vers de tête coupés qui se tordent, les sensations du corps qui s'y mêlent, les besoins qui parlent, — le refus de cette foison et l'idée d'autre chose, de tout autre chose qui s'en dégagent et en sont...

Que ce que l'on pense s'oppose à ce qui pense, n'est-ce pas faire penser que la pensée est aussi distincte, étrangère que le corps ? Et que l'un et l'autre, tous deux fonctions de la sensibilité — produisent *cet effet*, le Moi — comme une réaction unique, identique, indéfinissable, *purement négative* et unitive instantanée — Il me semble, d'ailleurs, que déjà même dans la sensation la plus simple se... balbutie cette réponse :

L'œil balbutie — *Je ne suis pas ce que je vois*, et l'oreille : *je ne suis pas ce que j'entends*. Voir, dit l'œil, me cache tant d'autres vues ! Et il y a une possibilité cachée et impliquée dans chaque sensation ou perception —

et ceci est le plus général dans ce Moi négatif — commis à la défense et conservation du *possible*.

Et *quand le possible opère*, quand la puissance de transformation passe à l'acte,

C'est ce qu'on nomme *l'esprit*.

XXIV, 164 sq. *[1940-1941]*

Un jour est une feuille de l'arbre de ta vie.

XXIV, 315 [1941] Poèmes et PPA

☆

Psaume

À la fenêtre tout à coup.
Le beau fouillis de feuilles de plusieurs verts
dérangé doucement par le vent, le soleil — —
Et derrière moi la présence latente
de vagues causes de mécontentement
comme un volume d'amertume dans le silence,
À la fenêtre tout à coup,
je perçois
une sorte de distance « métaphysique »
Entre ce qui se voit — et ce Moi —,
Une sorte de *distance* entre mes yeux
et moi, — qui
Mesure quelque état d'approfondissement,
Un écart
Entre ce qui est et ce que je suis — —
Pourtant, c'est mon regard que ce qui est…
Qu'est-ce que cette « distance[1] » ?
C'est peut-être la sensation de se retirer non seule-
ment de quelque *prédilection* passionnée — mais dans
le renoncement à la *faculté* même de produire cette
puissance de préférence toute-puissante : amour.

235

… Le beau fouillis de feuilles qui divague sous le vent qu'il divise et qui le fait parler — au vent, au cœur de MOI, à mes yeux qui sont là, à mon âge, à mon être —

Un « être » place au centre (toujours) des « choses » (car il ne peut ne pas être comme — un — centre — un corps étrangement doué de ce qui fut — une imminence, un implexe[1], un a parté, une singularité et une lacune — *Moi*).

XXIV, 691 [1941]

Gémissement dans la nuit — « Qui pleure là[2]… ? »
Chat, femme ou brise —   (on entend un gé-
Ou la vie, telle quelle —   missement)
Gémit avant le jour
D'être ce qu'elle est.

XXV, 107 [1941] Poèmes et PPA

Question et discours

Que pourrait, que devrait aujourd'hui faire un « poète » ? État des choses de l'âme, de l'esprit et de cet art. Mais avant que j'eusse disposé les parties de cette pensée devant mon attente… une formation vint à mon esprit et se fit place[3] :

(1) Station sur la terrasse —

Je suis monté sur la terrasse, au plus haut de la demeure de mon esprit — Là, conduisent l'âge, les réflexions, les prévisions — les justifiées, les démenties, les coups excellents, les échecs, l'oubli des personnes, des noms propres, des articles de critique etc. —

Et scintillent dans le ciel de nuit poétique les constellations, seulement soumises aux lois de l'Univers du langage, qui se lèvent, se couchent, reparaîtront…

Là, Hérodiade, l'Après-midi, le Tombeau de Gautier[1] — etc. mais il n'y a plus de noms d'auteurs. Les personnes *n'importent plus.*

Et comme j'étais à considérer ces « signes », la question ci-dessus dite *se posa* — —

Se posa comme un temps d'arrêt et de muette puissance, comme un grand oiseau tout à coup tombé sur mes épaules et changé tout à coup en un poids. Mais ce poids d'un grand oiseau se faisait sentir capable de m'enlever. Et il me ravit, moi et mes 70 ans, moi et mes souvenirs, mes observations, mes préférences, et mon injustice essentielle.

Et surtout je connus toute la valeur et la beauté, toute l'excellence de *tout ce que je n'ai pas fait.* — —

Voilà ton œuvre — me dit une voix

Et je vis tout ce que je n'avais pas fait[2].

Et je connus de mieux en mieux que je n'étais pas celui qui avait fait ce que j'ai fait — et que j'étais celui qui n'avait pas fait ce que je n'avais pas fait — Ce que je n'avais pas fait était donc parfaitement beau, parfaitement conforme à l'impossibilité de le faire, et cela (ce que ne savent les autres), je le voyais, je le concevais, et dirais même que je le tenais et touchais avec une extraordinaire et extrême Précision.

Si tu veux, ma Raison, je dirai — (tu me laisseras dire) — que mon Âme qui est la tienne aussi, se sentait comme la forme *creuse* d'un écrin, ou le creux d'un moule et ce vide (*s'éprouvait*) attendre un objet admirable — une sorte d'épouse matérielle qui ne pouvait pas exister — car cette forme divine, cette absence complète, cet Être qui n'était que non-Être, et comme l'Être de ce qui ne peut Être — exigeait justement une *matière* impossible, et le creux vivant de cette forme *savait* que cette substance manquait et manquerait à jamais au monde des corps — et des actes…

Ainsi doit le mortel convaincu de son Dieu dont il conçoit les attributs qu'il forme par négations successives des défauts et des maux qu'il trouve dans le monde ressentir la présence et l'absence essentielles de Celui qui lui est aussi nécessaire que le Centre l'est à une sphère impénétrable, que l'on finit par reconnaître *sphère* à force d'en explorer la surface et de raisonner sur les liaisons de ses points…

Mon œuvre était *cela*.

Labeur, souffrances, événements, douceurs ou glaives d'une vie, espoirs surtout, mais désespoirs aussi, nuits sans sommeils, amis charmants, femmes réelles, heures, jours — siècles soudains, sottises faites, mauvais moments… ah — tout cela, et tant d'années — il fallait, il fallut tout cela, et le dégoût ou le dédain ou le regret ou le remords, et le mélange et le refus de tout cela pour que se creuse dans la masse d'existence et d'expériences confondues et fondues — *ce* noyau, merveille, à coups de *négations* finalement chef-d'œuvre — insupportable et le triomphe de l'impossible pur!…

Ici (2) — La question initiale. Analyse de cette volonté poétique — et d'abord d'un terrible *Pourquoi*? Ce pourquoi demande : d'où tirer l'énergie de vouloir ce qui s'adresserait à ce qu'il y a aujourd'hui, *en fait d'hommes*? Les meilleurs même ne songent qu'à l'*instant* — Ils sont incapables de cette pensée : *Faire, c'est se faire.*

XXV, 618 sq. [1942]

Psaume
Chaque nuit — c'est un bain d'ombre et d'étoiles que prend la calotte hémisphère, et toute vie y est plongée.

Dieu dit : Je te baignerai malgré toi à chaque tour de roue comme la roue du moulin, *etc.*

XXVI, 215 [1942]

Psalm   Ô Sensation!
         Tu es le chef-d'œuvre de la
         nature aveugle, informe,

intemporelle, sans dimensions,
toute égale à elle-même
et indistincte, égarée entre
ses millions de foyers qui
se renvoient leur formation
et leur mort dans le tourbillon
de tourbillons de l'étrange
rotation universelle
Et il a fallu qu'un point
se refroidît mais non trop.

XXVI, 222 [1942]

Ouverture de la fenêtre. Air de cinq heures très doux — Salut[1] !

Entrée de la journée, sa naissance. Elle est encore faible et comme tendre, un jour enfant — avec tout ce qu'il y a de promesse, de craintes, de possible — de charme émouvant.

Mais la seule certitude est celle du devoir périr, de la perte de ce trésor de ressources — quelles que soient les choses en quoi il s'emploiera, ce qu'en feront la nature, le hasard, les volontés — etc.

XXVII, 179 [1943] Poèmes et PPA

Ouvre tes volets. Et présente au jour ton esprit aux yeux encore tendus quoique sur des choses intérieures par tension imitative d'attention, et en charge en arrière d'idées.

Et regarde le visible, le ciel, les toits, comme on regarde un objet entre autres et non comme le seul objet, le tout de l'instant, le nécessaire…

Et le regarde comme éphémère, lui et le jour que voici,

Et le regarde aussi comme un coup de partie, une combinaison de dés.

XXVII, 196 [1943]

(Matin[1]) Au milieu de la nuit du matin, de mon corps, et de tant d'idées, je me sens tout à coup comme un petit enfant. Je ne puis presque supporter la sensation panique d'*Être*.

Car *Être*, messieurs de l'École, — ce n'est qu'une sensation — qui est souvent je ne sais quel frisson sur les épaules, à entendre le vent vif et violent au dehors agir —

XXVII, 482 [1943] Poèmes et PPA

Modulation de l'aube

Il y a un moment où la lumière commence à s'en prendre aux choses, à leur faire *balbutier* leurs formes, et puis leurs noms successifs, à partir de celui-ci même de « choses » qui est le commencement. Il y a d'abord *quelque chose* ; puis *des choses*. Et c'est exactement comme dans la Genèse. Tout se passe comme il est décrit dans le célèbre chapitre I. Division de l'*homogène*, du *rien* ou du *chaos* ad libitum. Il y a une petite enfance de la figure du monde d'un jour, pour un lieu donné.

XXVII, 539 [1943] Poèmes et PPA

L'arbre se penche vers son image dans l'eau calme.

XXVIII, 580 [1944] Poèmes et PPA

Qui donc es-tu ? — Je suis *La Personne qui parle*[1] !
Celle qu'on nomme JE, et qui, de corps en corps,
De visage en visage et même en toute vie/forme/
A le moment pour acte et ne sait faire qu'Être.

XXIX, 54 [1944] Poèmes et PPA

Ego[2] — Matutina. Je ne sais que faire devant moi-même. Rien ne se veut.

Le temps soyeusement coule ou frémit identique dans mon arrière-ouïe.

C'est une variable uniforme, unie…

Je me sens dans mon ombre qui est attente, et je me dis ceci qui ne dit rien…

Entre le sentiment de mon poids, de mes appuis, doit être *mon corps.*

Entre le sentiment de mon corps et les objets éclairés sous mon visage, ce papier éclatant — *ceci* se *dit sans voix…* ceci qui ne dit rien.

C'est le Possible — aussi sensible que le vide d'une page blanche, que l'intervalle qui est entre des mots prononcés très lentement.

Ce n'est pas une abstraction.

Quoi que ce soit qui se produise sur ce vide, cela sera comme tiré au sort.

La conscience est *la serve de tout.* Mais elle est aussi ma faculté de n'être pas ce que je suis. Ou plutôt de n'être jamais ce qu'elle tente de nommer *Ce que je suis* — ou MOI.

XXIX, 197 [1944]

Arriver à ce point de sagesse — c'est dire, d'observation limpide et de regard que rien ne trouble — que la mort nous soit aussi peu de chose qu'elle l'est pour la nature de la vie, laquelle dilapide les êtres comme elle les prodigue, les tourmente et supplicie comme elle les choie, leur donne d'être sensibles comme d'être pesants et mouvants, et, en somme, les ignore dans chacun d'eux comme chacun d'eux l'ignore dans l'immense production qu'elle est et ne conçoit ni ses prévoyances ni ses modes contradictoires, ni le sens de son développement et ce mélange de génie, d'aveuglement, de variété et de mécanique monotone qu'elle manifeste à nous, qui la jugeons d'après nous[1].

XXIX, 276 [1944]

DOSSIER

CHRONOLOGIE

1871-1945

1871. Naissance à Sète le 30 octobre.

1876-1884. Études primaires chez les dominicains, puis au collège de Sète.

1884-1888. Études au lycée de Montpellier. Découverte de Hugo, Gautier, Baudelaire, Verlaine. Valéry dessine, peint, écrit ses premiers vers. Mort de son père (1887).

1889. Étudiant à la Faculté de droit de Montpellier. Lit Flaubert, Mallarmé, Goncourt, Huysmans, et surtout Edgar Poe, mais aussi des ouvrages d'architecture. À son insu, son frère Jules fait paraître « Rêve », son premier poème publié. Vers la fin de l'année, Valéry aperçoit pour la première fois Mme de Rovira : la passion dévorante qu'il nourrira pour elle, sans oser jamais l'aborder, ne sera pas étrangère à la « Crise de Gênes » de 1892.

1890. Rencontre de Pierre Louÿs en mai, d'André Gide en décembre : naissance d'une double amitié dont témoignent les correspondances. Le premier essaiera bientôt sans succès de convaincre Valéry de réunir en volume ses poèmes publiés dans diverses revues ; le second y réussira en 1912. Première lettre à Mallarmé qui répond : « Quant à des conseils, seule en donne la solitude... »

1891. Lecture des *Illuminations* de Rimbaud que Valéry admirera toute sa vie. Première visite à Huysmans, et à

Mallarmé auquel ne cesseront de le lier une admiration et une affection filiales. Son ami Pierre Féline initie Valéry aux mathématiques.

1892. Licencié en droit. Nuit de Gênes (4-5 octobre) : événement majeur de la vie de l'écrivain qui crut devenir fou et souhaita d'être foudroyé par l'orage, mais se sentit aussi devenir autre. C'est à l'issue de cette Crise, intellectuelle et affective, qu'il décide d'écarter toute emprise de l'amour et toute influence d'autrui pour asseoir la domination de son propre esprit. À telles exceptions près, il cesse d'écrire des vers.

1893. Lectures scientifiques qu'il continuera toute sa vie.

1894. Valéry s'installe à Paris, rue Gay-Lussac, dans une petite chambre qu'il orne du squelette de Ligier Richier. Commencement de la longue série des *Cahiers* — près de 29 000 pages — qu'il ne cessera pas de tenir aux toutes premières heures du matin, jusqu'à ses derniers jours.

1895. Reçu au concours de rédacteur du ministère de la Guerre : il n'occupera son poste que deux ans plus tard. Publication de l'*Introduction à la Méthode de Léonard de Vinci.*

1896. Rencontre Degas. Séjour de trois semaines à Londres où il traduit des articles de propagande pour la Chartered Company de Cecil Rhodes, Compagnie de l'Afrique du Sud qui exploite les richesses de la future Rhodésie. Fréquente Schwob, Vielé-Griffin et Heredia. Publication de *La Soirée avec Monsieur Teste.*

1897. Mallarmé lui fait lire les épreuves du *Coup de dés* et lui dit : « Trouvez-vous que ce n'est pas un acte de démence ? »

1898. Mort de Mallarmé : bouleversé, Valéry ne peut prononcer devant sa tombe les paroles attendues de ses amis.

1899. Lecture de Nietzsche.

1900. Valéry épouse Jeannie Gobillard, nièce du peintre Berthe Morisot, belle-sœur elle-même d'Édouard Manet qui fut très lié à Mallarmé. Il quitte le ministère de la Guerre pour une situation plus enviable puisque, grâce à son ami André Lebey, il devient secrétaire particulier d'Édouard Lebey, l'un des administrateurs de l'agence Havas, paralysé. Il ne travaille auprès de lui que quelques heures par jour.

1901. Assiste à la représentation de l'*Orphée* de Gluck.

1904. Dans l'espoir de recevoir le prix Saintour de l'Académie des sciences morales, écrit un *Mémoire sur l'attention* qu'il n'achève pas. La femme et la fille de Mallarmé lui montrent le manuscrit d'*Igitur* inédit.

1908. Commence un premier classement des *Cahiers* en vue d'une éventuelle publication. Reçoit Ravel, rend visite à Monet.

1912. À la demande de Gide et de Gaston Gallimard, Valéry entreprend de revoir ses anciens poèmes qu'il retouchera pour composer l'*Album de vers anciens*. De ce retour aux vers naîtra *La Jeune Parque*, envisagée d'abord comme un ultime poème, et qui ouvre en fait une décennie de maturité poétique. Visite du futur Saint-John Perse.

1913. Assiste aux premiers spectacles du tout nouveau Théâtre des Champs-Élysées où se produisent Diaghilev, Nijinski, Chaliapine, et à la création du *Sacre du printemps* de Stravinsky qu'il rencontrera plus tard. Le poème qui deviendra *La Jeune Parque* est « ensablé ».

1914. Première lettre d'André Breton (âgé de 18 ans) que Valéry, pendant plusieurs années, conseillera et encouragera.

1917. Publication de *La Jeune Parque*.

1919. Gallimard reprend *La Soirée avec Monsieur Teste*, et l'*Introduction à la Méthode de Léonard de Vinci* maintenant suivie de *Note et Digression* : après la récente parution de *La Jeune Parque*, ces divers volumes assurent rapidement la notoriété de l'écrivain.

1920. En juin, la *N.R.F.* publie *Le Cimetière marin* et l'*Album de vers anciens* paraît en décembre. Valéry rencontre Catherine Pozzi.

1921. Publication d'*Eupalinos* et de *L'Âme et la danse*.

1922. Mort d'Édouard Lebey. Sans revenus réguliers, Valéry doit envisager de monnayer son activité littéraire et de tirer bénéfice d'une gloire désormais établie : il acceptera donc, et souvent à son corps défendant, préfaces, discours et conférences dans l'Europe entière. Publication de *Charmes*.

1924. Se rend à Muzot pour voir Rilke qui a traduit *Le Cimetière marin* trois ans plus tôt. S'occupe de la revue *Commerce* qu'il dirige avec Fargue et Larbaud à la demande de la princesse Bassiano. Publication de *Variété*.

1925. Valéry devient membre de la Sous-Commission des Lettres et des Arts qui vient d'être créée dans le cadre de la Société des Nations. En novembre, il est élu à l'Académie française, au fauteuil d'Anatole France.

1926. Publication de *Extraits du Log-book de Monsieur Teste, Rhumbs* et *Fragments du Narcisse*.

1927. Mort de sa mère. Publication d'*Autres Rhumbs*. Réception à l'Académie. Dans son discours, Valéry ne cite pas une fois le nom de France qui avait naguère refusé des vers de Mallarmé pour *Le Parnasse contemporain*. Le même jour, André Breton, en signe d'intime protestation, vend les lettres qu'il avait reçues de lui : « Il est vrai que j'eus la faiblesse d'en garder copie. »

1928. Avec Ida Rubinstein et Honegger, Valéry songe à son mélodrame d'*Amphion*, créé en 1931. Rupture avec Catherine Pozzi.

1929. Édition de *Charmes* commenté par Alain. Publication de *Variété II*.

1931. Valéry devient membre du Comité Permanent des Arts et Lettres de la Société des Nations : il le présidera de 1936 à 1939. Publication de *Pièces sur l'art, Moralités*, et *Regards sur le monde actuel*. Renée Vauthier sculpte son buste. La crise affective qui accompagne cette rencontre marquera *L'Idée fixe*.

1932. Publication de *L'Idée fixe*.

1933. Valéry devient administrateur du Centre Universitaire Méditerranéen de Nice.

1934. À l'Opéra, création de *Sémiramis*, mélodrame de Valéry et Honegger.

1936. Publication de *Variété III* et de *Degas, Danse, Dessin*.

1937. Leçon inaugurale au Collège de France où il vient d'être élu à une chaire de Poétique.

1938. Publication de *Variété IV*.

1939. Publication de *Mélange*.

1940. Au Collège de France, cours sur le R.P. Cyprien, traducteur de saint Jean de la Croix. Ébauche de « *Mon Faust* » à Dinard.

1941. Mort de Bergson. Directeur de l'Académie, Valéry prononce son éloge, auquel les circonstances donnent un particulier écho. Le ministre de l'Instruction publique met un terme aux fonctions qu'il occupait depuis 1933 au Centre Universitaire Méditerranéen de Nice. Publication de *Tel Quel* et d'*Études pour « Mon Faust »* qui deviendra « *Mon Faust* » dans l'édition de 1946.

1942. Publication de *Mauvaises pensées et autres*.

1943. L'état de santé de Valéry se dégrade. Publication de *Tel Quel II* (qui reprend *Rhumbs* et *Autres Rhumbs*).

1944. Valéry lit « *Mon Faust* » chez Mme Jean Voilier à qui il est intimement lié depuis 1937. Publication de *Propos me concernant* et de *Variété V*.

1945. Valéry retrouve ses fonctions au Centre Universitaire Méditerranéen de Nice. Le 30 mai, note dans ses *Cahiers*, « sub signo doloris » : « J'ai la sensation que ma vie est achevée, c'est-à-dire que je ne vois rien à présent qui demande un lendemain. » Il meurt le 20 juillet. Le général de Gaulle décide des obsèques nationales.

BIBLIOGRAPHIE SUCCINCTE

Œuvres (Jean Hytier éd.), Gallimard, Pléiade, 2 vol., 1957 et 1960.

Cahiers, reproduction en fac-similé, éd. du C.N.R.S., 29 vol., 1957-1961.

Cahiers, anthologie de la Pléiade (Judith Robinson-Valéry éd.), Gallimard, 2 vol., 1973-1974.

Une chambre conjecturale, éd. Agathe Rouart-Valéry, Montpellier, Fata Morgana, 1981.

Cahiers, 1894-1914 (Nicole Celeyrette-Pietri éd., en collaboration avec Judith Robinson-Valéry pour les 3 premiers volumes), Gallimard, 7 vol. parus depuis 1987.

Alphabet. Introduction et traduction en italien de Maria-Teresa Giaveri, Gruppo Maska, Edizioni Diabasis, 1993.

Alphabet (Michel Jarrety éd.), Livre de Poche classique, L.G.F., 1999.

On . trouvera également dans la collection « Poésie/Gallimard » :

Ego Scriptor, éd. Judith Robinson-Valéry.

Eupalinos, L'Âme et la Danse, Dialogue de l'arbre.

La Jeune Parque et poèmes en prose, éd. Jean Levaillant.

Poésies.

Bastet, Ned : *Valéry à l'extrême. Les au-delà de la raison*, L'Harmattan, 1999.

Bourjea, Serge : *Paul Valéry. Le Sujet de l'écriture*, L'Harmattan, 1997.

Celeyrette-Pietri, Nicole (éd.) : « *Au commencement sera le sommeil* — quelques réflexions sur un poème en prose », *Cahiers Paul Valéry* nᵒ 1, *Poétique et Poésie*, Gallimard, 1975.

Celeyrette-Pietri, Nicole (éd.) : *Valéry et le Moi. Des « Cahiers » à l'œuvre*, Klincksieck, 1979.

Jarrety, Michel : *Valéry devant la littérature. Mesure de la limite*, PUF, 1991.

Jarrety, Michel : *Paul Valéry*, Hachette, 1992.

Kao, Shuhsi, *Lire Valéry*, Corti, 1985.

Laurenti, Huguette (éd.) : *Lectures de « Charmes »*, Lettres modernes, série Paul Valéry nᵒ 1, Minard, 1974.

Laurenti, Huguette (éd.) : *Recherches sur « La Jeune Parque »*, Lettres modernes, série Paul Valéry nᵒ 2, Minard, 1977.

Lawler, James : *Lecture de Valéry : une étude de « Charmes »*, PUF, 1963.

Levaillant, Jean et Parent Monique (éd.) : *Paul Valéry contemporain*, Klincksieck, 1974.

Lussy, Florence de : *La Genèse de « La Jeune Parque »*, Minard, 1975.

Lussy, Florence de : « *Charmes* » *d'après les manuscrits de Paul Valéry*, Minard, 2 vol., 1990 et 1996.

Nadal, Octave : « Poèmes en prose », in *À Mesure haute*, Mercure de France, 1964.

Noulet, Émilie (éd.) : *Entretiens sur Paul Valéry*, Paris-La Haye, Mouton, 1968.

Oster, Daniel : *Monsieur Valéry*, Seuil, 1981.

Pickering, Robert : *Paul Valéry poète en prose. La prose lyrique abstraite des « Cahiers »*, Minard, 1983.

Robinson, Judith : *L'Analyse de l'esprit dans les « Cahiers » de Valéry*, Corti, 1964.

Robinson, Judith : « Réflexions sur les poèmes en prose de Valéry », in *Bulletin des études valéryennes* de l'Université de Montpellier, nᵒ 23, 1980.

NOTES

Page 57.

1. Ce petit texte qu'on peut lire comme un fragment de poème en prose est en consonance avec l'*Essai sur le mortel* inachevé que Valéry rédige en 1892 et où il écrit en particulier que, parmi d'autres problèmes, « le plus délicat est de savoir *ce qu'il reste du mort*, le souvenir tel ou tel, c'est-à-dire le rapport d'un être à l'autre, impénétrable » (C.III.568). Mais on songe également à la *Fin de Monsieur Teste* : « Et peut-être me tiendrai-je tout entier dans un coup d'œil terrible » (Œ.II.74).

Page 58.

1. Ce petit texte rassemble quelques-unes des prédilections valéryennes. La référence au mathématicien Augustin Cauchy (1789-1857) et au physicien et chimiste britannique Michael Faraday (1791-1867) contresigne ici l'intérêt constant de l'écrivain pour les sciences ; *l'art de construire* évoque la passion de sa jeunesse pour l'architecture, et *le mouvement des bateaux* sa passion de la mer qui lui fit songer un moment à préparer l'École navale. Une partie de *La Soirée avec Monsieur Teste* se déroule à l'Opéra.

Page 60.

1. Valéry intitulera bien plus tard (p. 215) un poème «haï-kaï». Mais c'est sans doute celui-ci qui fait le plus songer, dans les *Cahiers*, au petit poème japonais.

Page 61.

1. Dans les *Cahiers*, le titre «Pentecôte» figure en caractères cyrilliques.

2. Premier exemple du glissement, que l'on retrouvera dans les *Cahiers*, de l'écriture poétique à l'écriture analytique, ou bien au désir simplement d'analyse.

Page 63.

1. La présence d'un titre donne à ce fragment l'apparence d'un petit poème qui appellerait son achèvement, mais incline ici aussi bien vers cette forme d'écriture narrative qu'on retrouvera dans les *Histoires brisées*.

Page 64.

1. Ce poème est sans doute l'un de ceux où se retrouve le plus visiblement l'admiration pour les *Illuminations* de Rimbaud.

Page 65.

1. CK : ces deux lettres (qui la désignent) furent, comme le sigle PPA, ajoutées par Catherine Pozzi lorsqu'elle lut les *Cahiers* dans les années vingt.

2. Motif de l'extrême et de l'infranchissable, le mur revient de loin en loin. «Je ne suis pas tourné du côté du monde. J'ai le visage vers le MUR», dit l'une des *Pensées de Monsieur Teste*

(Œ.II.72). Voir également, ici, le mur auquel le combattant est adossé dans « La révélation anagogique », p. 217.

Page 68.

1. Très proche de « Street » (p. 64) dont il est sans doute la réécriture, ce texte constitue, à peine remanié, la partie centrale de *La Promenade avec Monsieur Teste* (Œ.II.57). Mais rédigé sur une feuille volante insérée dans le *Cahier* manuscrit, il a été reclassé à la Bibliothèque nationale dans le « dossier Teste » et ne figure donc pas dans l'édition Gallimard des *Cahiers 1894-1914*.

Page 69.

1. Proche du conte, ce texte est un exemple clair du métissage des écritures dans les *Cahiers*. Valéry a rayé la dernière phrase.

2. Après avoir assisté en 1901 à une représentation de l'opéra de Gluck, Valéry évoque, dans une lettre à sa femme, cet « Orphée que j'avais chanté jadis et voulant l'être... quand j'attribuais à mon imagination et à ma volonté une puissance divine » (Œ.I.28). La tonalité regrettante de ce petit texte est exceptionnelle dans les premiers *Cahiers*. (Au sujet d'Orphée, voir aussi note 1, p. 152.)

Page 70.

1. Valéry joue-t-il ici sur la célèbre « absente de tous bouquets » de la « Crise de vers » de Mallarmé ?

Page 71.

1. T.2 renvoie probablement au personnage de Monsieur Teste, mais peut-être également à ce projet qu'eut assez longtemps Valéry d'écrire une tragédie consacrée à l'empereur Tibère.

Page 72.

1. L'emploi de la préposition avec un singulier fait songer à Verlaine. Ces premiers mots seront, dans *Charmes*, l'incipit de l'«Ébauche d'un serpent» : «Parmi l'arbre, la brise berce».

2. C'était déjà la position de Mahmoud (p. 69).

Page 73.

1. Ici encore, on songe à la future «Ébauche d'un serpent» : «Soleil, soleil!... Faute éclatante/[...] Tu gardes les cœurs de connaître/Que l'univers n'est qu'un défaut/Dans la pureté du Non-être!»

Page 76.

1. Le rassemblement du sujet au moment de l'éveil est un thème fréquent chez Valéry. Voir par exemple le premier poème d'*Alphabet*. Il est difficile de donner un sens clair aux guillemets dont Valéry entoure ici certains poèmes : manière de mettre soudain à distance, de solenniser son propre texte comme fragment d'une œuvre à venir ou citation de l'œuvre d'un autre ?

Page 77.

1. La version définitive de ce texte se trouve dans les *Extraits du Log-book de Monsieur Teste* (Œ.II.40).

Page 78.

1. La version définitive de ce poème figure dans la section «Poésie brute» de *Mélange* (Œ.I.352).

Page 79.

1. Valéry songe peut-être ici au personnage du *Tannhäuser* de Wagner.

Page 80.

1. Du « Narcisse parle » de l'*Album de vers anciens* aux « Fragments du Narcisse » de *Charmes* et à la *Cantate du Narcisse*, la figure de Narcisse traverse l'œuvre entière. Mais plus que le nom, c'est le dédoublement qui importe : on le retrouve partout chez Valéry, de *Monsieur Teste* — « Je suis étant et me voyant ; me voyant voir, et ainsi de suite... » — à *La Jeune Parque* — « Je me voyais me voir » —, et à *L'Ange* de 1945 dont on trouvera plus loin l'une des premières versions (p. 151).

2. Il est difficile de savoir si le titre « Poème » désigne ici les trois lignes qui suivent ou définit plutôt le sujet d'un poème à venir, et dont elles esquissent le thème.

Page 86.

1. Ce texte est une nouvelle version d'un poème très proche (III, 437, p. 77). Il est repris dans les *Extraits du Log-book de Monsieur Teste* (Œ.II.40).

2. Ce texte est une nouvelle version d'un poème presque identique (III, 440, p. 77). Il est repris dans les *Extraits du Log-book de Monsieur Teste* (Œ.II.44). Sur un thème voisin, voir « La Tête de cristal », p. 230.

Page 87.

1. Ce petit texte figure, à peine remanié, dans « Au hasard et au crayon », *Rhumbs, Tel Quel* (Œ.II.604).

2. Sous le titre « Fenêtre », ce petit texte figure, à peine remanié, dans « Au hasard et au crayon », *Rhumbs, Tel Quel* (Œ.II.602).

3. Ce petit texte figure, à peine remanié, dans « Au hasard et au crayon », *Rhumbs, Tel Quel* (Œ.II.606).

Page 88.

1. Chez Valéry, le bien-être est souvent lié à la liquidité : voir par exemple la lettre C d'*Alphabet* — « les volets repoussés à droite et à gauche par un acte vif de nageur, je pénètre dans l'extase de l'espace » —, la lettre D consacrée au bain, ou encore ici même le poème « Nage », p. 146.

2. Bien plus tard, dans « Station sur la terrasse », « ce que je n'ai pas fait » (p. 237) apparaîtra, sans regret cette fois, comme une composante de l'œuvre.

3. Ce texte se trouve dans le *Cahier B 1910* que Valéry avait publié en fac-similé en 1924 et repris dans *Tel Quel* (Œ.II.588).

Page 89.

1. Lors du classement de ses textes des *Cahiers*, ce psaume — que le numéro feint de rattacher aux cent cinquante psaumes de la Bible — a été rangé par Valéry sous la rubrique « Ego scriptor ».

Page 90.

1. Ce petit fragment figure dans « Au hasard et au crayon », *Rhumbs, Tel Quel* (Œ.II.600).

Page 91.

1. La version définitive de ce texte figure dans « Au hasard et au crayon », *Rhumbs, Tel Quel* (Œ.II.599 *sq.*).

Page 92.

1. La version définitive de ce texte figure dans «Au hasard et au crayon», *Rhumbs, Tel Quel* (Œ.II.599).

Page 93.

1. Frati : en italien, moines.

2. Lavagna : petite ville proche de Gênes où se trouvent des carrières d'ardoise : *lavagna* désigne d'ailleurs en italien l'ardoise, et le tableau noir des écoles.

3. Navicelle : en italien, petits bateaux ou encensoirs : le contexte permet ici difficilement de trancher. La version définitive de ce texte figure dans «Au hasard et au crayon», *Rhumbs, Tel Quel* (Œ.II.598 *sq.*).

4. La version définitive de ce fragment figure dans «Au hasard et au crayon», *Rhumbs, Tel Quel* (Œ.II.601).

Page 95.

1. C'est par erreur que l'édition du C.N.R.S. donne ici la date de 1910.

2. Tout porte à croire que ce geste d'enserrement qui émeut ici Valéry fasse écho en lui-même à un besoin de constriction douce que révèlent plusieurs textes. Voir par exemple la fin de la lettre R d'*Alphabet* : «C'est pourquoi il faut se prendre dans les bras l'un de l'autre, et les paupières fortement fermées, étreindre une chose vivante, et se cacher dans une existence.»

Page 96.

1. PPA — Politique : titre ajouté par Valéry au crayon, après 1910, lors d'une relecture du *Cahier*.

Page 100.

1. Une version très remaniée de ce poème se trouve dans « Mers », *Autres Rhumbs, Tel Quel* (Œ.II.668). Voir préface p. 19.

Page 101.

1. Remanié, ce poème figure dans la section « Littérature » des *Autres Rhumbs* de *Tel Quel* (Œ.II.682), sous le titre de « Psaume sur une voix ». Les initiales S M (qui disparaissent dans la version définitive) désignent bien sûr Mallarmé, et la fin du texte nous donne à penser qu'en l'écrivant Valéry songeait très précisément au jour où il l'entendit, dans sa chambre de la rue de Rome, lui lire le *Coup de dés*, « d'une voix basse, égale, sans le moindre "effet", presque à soi-même » (Œ.I.623).

Page 102.

1. L'Île Callot : il s'agit d'une île bretonne. Valéry a classé ce petit texte dans le dossier « Thêta » des *Cahiers* qui rassemble ce qui a trait à la religion et la métaphysique et l'a publié, très remanié et amplifié, dans la section « Mers » des *Autres Rhumbs* de *Tel Quel* sous le titre « Pèlerinage./ Chapelle dans l'île C. » (Œ.II.670 *sq.*).

Page 103.

1. Le motif de l'Ange traverse l'œuvre entière de Valéry jusqu'au poème retouché aux derniers jours de 1945 et dont on trouve le troisième état dans les *Cahiers* (voir p. 151). Un tercet de « Profusion du soir » que Valéry retravailla à partir de 1913 pour l'inclure dans l'*Album de vers anciens* peut être également rapproché de ce poème en prose de 1912 : « L'Ange frais de l'œil nu pressent dans sa pudeur,/Haute nativité d'étoile élucidée,/Un diamant agir qui berce la splendeur… » Comme le

petit poème de la p. 69 (II,97), comme plus tard « L'Ange » (p. 151), « La révélation anagogique » (p. 217), « Station sur la terrasse » (p. 236-237), ce texte appartient à l'ensemble finalement peu nombreux des poèmes autobiographiques.

Page 104.

1. Ce petit texte sert de conclusion à « Reprise » dans les *Autres Rhumbs* de *Tel Quel* (Œ.II.658).

2. Ce poème a été repris dans « Au hasard et au crayon », *Rhumbs, Tel Quel* (Œ.II.605).

Page 105.

1. Inscrit légèrement en marge, le sigle PPA a été ajouté au crayon lors d'une relecture du *Cahier*.

2. Légèrement remanié, ce fragment qui évoque certainement la mère aveugle de Valéry constitue la deuxième partie de « La vieille femme » dans la section « Moralités » des *Autres Rhumbs* de *Tel Quel* (Œ.II.698).

3. Inscrit légèrement en marge, le sigle PPA a été ajouté lors d'une relecture du *Cahier*. À peine modifié, ce petit poème a été repris dans les *Extraits du Log-book de Monsieur Teste* (Œ.II.42).

Page 106.

1. Valéry est alors en Bretagne.

2. Le sigle PPA a été ajouté au crayon lors d'une relecture du *Cahier* et ne figure pas dans l'édition du C.N.R.S.

Page 107.

1. Voir note précédente. Remanié et développé, ce petit texte figure dans la section « Au hasard et au crayon » des *Rhumbs, Tel Quel* (Œ.II.603).

2. Inscrit légèrement en marge, le sigle PPA a été ajouté au crayon lors d'une relecture du *Cahier*. Il ne figure pas dans l'édition du C.N.R.S.

Page 108.

1. Profondément remanié, ce poème a été repris dans «Poésie perdue», *Autres Rhumbs, Tel Quel* (Œ.II.658 *sq.*).

2. Pendant ce mois de septembre 1914, Valéry séjournait avec sa famille à Banyuls-sur-Mer.

3. Le sentiment de séparation ou d'étrangeté entre le monde et soi est un thème constant chez Valéry : voir, par exemple, la lettre J dans *Alphabet* (Livre de Poche, p. 73-74).

Page 109.

1. Valéry a classé ce texte dans le dossier «Sujets» qui rassemble diverses idées ou ébauches d'œuvres possibles. Profondément remanié, il figure, sous le double titre «Imus», «Opéra de rêve», dans la section *Autres Rhumbs* de *Tel Quel* (Œ.II.652 *sq.*). Mais rien n'indique dans le *Cahier* qu'il s'agisse de l'un des nombreux récits de rêve, d'écriture presque toujours non poétique, et que Valéry intitule alors «Rêve» de manière parfaitement explicite.

Page 111.

1. Le début de la lettre B d'*Alphabet* — qui est une autre scène d'éveil — est proche de ce poème.

Page 113.

1. Presque sans retouches, mais divisé en trois séquences, ce poème a été repris, sous le titre de «Chant de l'Idée-Maîtresse», dans la section *Poésie brute* de *Mélange* (Œ.I.357 *sqq.*).

264

1. De manière tout exceptionnelle, ce poème que Valéry a classé dans la rubrique « Ego » est daté en marge : « 20/2/16 » ; cette rêverie est probablement liée à la future naissance du troisième enfant de Valéry, François, qui surviendra le 17 juillet. Valéry lui consacre le 18 juillet un petit texte intitulé « La première nuit. Noces avec la vie » : « Tu es né hier matin, et c'est ta première nuit. Tu nous éveilles par ta voix de canard », etc. (VI, 225).

2. Cet alexandrin fait évidemment songer à *La Jeune Parque* à laquelle travaille en ce temps Valéry, et particulièrement au début du poème : « Je scintille, liée à ce ciel inconnu/L'immense grappe brille à ma soif de désastres/Tout-puissants étrangers, inévitables astres […]. »

1. Mirari : s'étonner, admirer. La contemplation des astres est également le sujet des trois dernières lettres d'*Alphabet*.

2. Le sigle PPA a été ajouté au crayon lors d'une relecture du *Cahier*. Il ne figure pas dans l'édition du C.N.R.S.

3. Êtes-vous prêts ?

1. Ajouté au crayon lors d'une relecture, le sigle PPA que porte ce poème dans le *Cahier* manuscrit n'est pas reproduit par l'édition du C.N.R.S.

1. Face au monde, *l'équilibre* est un des *leitmotive* de l'analyse valéryenne. Voir *supra*, p. 108 : « J'équilibre le total du jour nouveau » ; voir aussi la fin de la lettre X d'*Alphabet* qui

évoque « une sorte d'équilibre stationnaire entre l'homme et l'esprit de l'homme ».

2. Voir note 2, p. 116.

Page 119.

1. Voir note 2, p. 116.
2. Voir note 2, p. 116.

Page 120.

1. Comme celui de la p. 105, ce texte évoque probablement la mère de Valéry, alors âgée de quatre-vingt-six ans et aveugle depuis longtemps. Légèrement modifié, il constitue la première partie de « La vieille femme » dans la section « Moralités » des *Autres Rhumbs* de *Tel Quel* (Œ.II.697 *sq.*).

Page 121.

1. Orienté vers l'avenir, ce texte théorique et poétique trouvera son répondant, vingt-cinq ans plus tard, dans la « Station sur la terrasse » (p. 236-237), tout à l'inverse tournée vers le passé. Il n'est pas impossible que Valéry songe ici au « secret de la prose » que j'évoque en préface (p. 13).

Page 122.

1. Ajouté au crayon, le sigle PPA n'apparaît que dans le *Cahier* manuscrit, et non dans l'édition du C.N.R.S. Remaniée, cette première phrase sert d'incipit à un texte très différent de celui-ci dans *Tel Quel* (Œ.II.545).

Page 123.

1. La voix de contr'alto traverse l'œuvre comme signe

d'émotion suffisamment profonde pour que Valéry en ait fait l'origine de son œuvre même : «À un certain "âge tendre", j'ai peut-être entendu une voix, un contr'alto profondément émouvant... Ce chant me dut mettre dans un état dont nul objet ne m'avait donné l'idée. Il a imprimé en moi la tension, l'attitude suprême qu'il demandait, sans donner un objet, une idée, une cause (comme fait la musique). Et je l'ai pris sans le savoir pour mesure des états et j'ai tendu toute ma vie, à faire, chercher, penser ce qui eût pu directement restituer en moi, nécessiter de moi — l'état correspondant à ce *chant de hasard*; — la chose réelle, introduite, absolue, dont le creux était depuis l'enfance, préparé par ce chant — *oublié*» (C.IV.587). Ce que signifie alors l'inceste, loin du sens ordinaire, c'est ce repli sur l'unité originelle, union fantasmatique avec la source perdue.

Page 125.

1. L'association du sommeil à la mort est un leitmotiv valéryen.

Page 126.

1. Le sigle PPA n'apparaît que dans le *Cahier* manuscrit, et non dans l'édition du C.N.R.S.

Page 127.

1. Valéry a classé ce texte dans le dossier «Éros» des *Cahiers*. À peine remanié, il figure, sous le titre «Amour», dans la section «Suite» de *Tel Quel* (Œ.II.751 *sq.*).

Page 128.

1. La loi de Curie est le principe physique selon lequel un effet peut être plus symétrique que ses causes alors que des

causes ne peuvent être plus symétriques qu'un de leurs effets. Ce petit texte figure sans retouches dans la section « Au hasard et au crayon » des *Rhumbs* de *Tel Quel* (Œ.II.602 *sq.*).

Page 129.

1. Le sigle PPA n'apparaît que dans le *Cahier* manuscrit, et non dans l'édition du C.N.R.S. Lors du classement de certains textes en vue d'une publication des *Cahiers,* Valéry l'a placé sous la rubrique « Ego », ce qui souligne sa valeur d'autoportrait. Remanié et amplifié, il figure, sous le même titre, dans les *Extraits du Log-book de Monsieur Teste* (Œ.II.43).

Page 130.

1. Ce petit poème figure presque sans retouches dans la section « Au hasard et au crayon » des *Rhumbs* de *Tel Quel* (Œ.II.606).

Page 131.

1. Traduit du langage-Self : c'est-à-dire traduit du langage privé, intérieur, de Valéry. Remanié, ce poème figure, sous le même titre, dans les *Extraits du Log-book de Monsieur Teste* (Œ.II.42 *sq.*). Une autre version se trouve dans un cahier de brouillon consacré à *Charmes* et commencé en 1918.

Page 132.

1. Remanié et augmenté, ce texte figure dans les *Extraits du Log-book de Monsieur Teste* (Œ.II.37).

Page 133.

1. Légèrement remanié, ce texte constitue, dans les *Extraits*

du Log-book de Monsieur Teste (Œ.II.43), la suite d'un texte précédent des *Cahiers*, « Le riche d'esprit » (ici, p. 128).

Page 134.

1. Même impression que dans « Forêt », p. 110.
2. C'est par erreur que l'édition du C.N.R.S. date ce *Cahier* de 1919.
3. Temple de l'Acropole d'Athènes.

Page 135.

1. Remanié, ce texte figure dans la section « Moralités » des *Autres Rhumbs* de *Tel Quel* (Œ.II.695).

Page 136.

1. Valéry a remanié une partie de ce texte pour en faire « Les oiseaux » qui figure dans la section « Poésie perdue » des *Autres Rhumbs* de *Tel Quel* (Œ.II.657 *sq.*). La dernière phrase y sert de point de départ à un autre poème : « Reprise » (*ibid.*).

Page 137.

1. Remanié, ce texte figure dans la section « Mers » des *Autres Rhumbs* de *Tel Quel* (Œ.II.665 *sq.*).

Page 138.

1. Légèrement remanié, l'essentiel de ce poème (jusqu'à « s'apaise et la suit ») a été repris dans la section « Mers » des *Autres Rhumbs* de *Tel Quel* (Œ.II.665) après avoir été utilisé pour une page d'*Eupalinos* (Œ.II.116). La dernière phrase est le point de départ d'un autre texte, « Vagues » (Œ.II.663).

Page 139.

1. La copie dactylographiée de ce texte qui figure dans le dossier des «Poèmes et PPA» précise : «Portrait du grand Poincaré (H[enri])».

Page 141.

1. Le sigle PPA n'apparaît que sur le *Cahier* manuscrit, et non dans l'édition du C.N.R.S.

Page 142.

1. Légèrement remanié, ce texte figure dans *Mauvaises pensées* (ŒII.806).

2. La même image, à la lettre C d'*Alphabet* : «La lune est ce fragment de glace fondante», rend précisément ce passage insensible de la nuit au jour qui fait tout le *mystère* de l'aube.

Page 143.

1. Zaïmph : voile sacré de Tanit, la déesse punique.

2. Légèrement remanié, ce texte figure dans *Mélange* (ŒI.311 *sq.*).

3. Lors du classement effectué par Valéry en vue d'une publication des *Cahiers*, ce petit poème, qui n'est pas étranger à sa relation avec Catherine Pozzi, fut rangé sous la rubrique «Éros».

Page 144.

1. Voir la note précédente.

1. Cf. dans *Alphabet* « l'Ange du monde entier, qui d'une voix d'azur et d'or, sur le seuil de ce jour et de l'espace libre, annonce les cieux, les campagnes, les mers, les étendues… » (Livre de Poche, p. 57).

1. Légèrement remanié, ce texte figure dans la section « Poésie brute » de *Mélange* (Œ.I.355 *sq.*), mais Valéry a fait passer la première phrase de la seconde partie à la fin de la première, et mieux marqué la division par des chiffres romains : I et II.

1. Barré de plusieurs grandes croix dans les *Cahiers*, ce poème figure, remanié, mais sous le même titre, dans la section « Mers » des *Autres Rhumbs* de *Tel Quel* (Œ.II.667 *sq.*). Valéry l'a également repris dans les *Inspirations méditerranéennes* de *Variété III* (Œ.I.1090 *sq.*) où il dit de la nage : « J'en ai fait une manière de poème, un poème que j'appelle *involontaire*, car il n'a pas été jusqu'à se former et à s'achever en vers. Mon intention, quand je l'ai fait, n'était pas de chanter l'état de nage, mais de le décrire, — ce qui est fort différent, — et il n'a effleuré la forme poétique que parce que le sujet par lui-même, la nage toute seule, se soutient et se meut en pleine poésie. »

1. Barré de plusieurs traits dans les *Cahiers*, ce poème figure, remanié, dans la section « Mers » des *Autres Rhumbs* de *Tel Quel* (Œ.II.666).

Page 149.

1. Légèrement remanié, ce poème figure, sous le titre «Matin», dans la section «Poésie perdue» des *Autres Rhumbs* de *Tel Quel* (ŒII.661).

Page 150.

1. Lors du classement effectué par Valéry en vue d'une publication des *Cahiers*, ce poème, qui n'est pas étranger à sa relation avec Catherine Pozzi, fut également rangé sous la rubrique «Éros».

Page 151.

1. Le sigle PPA n'apparaît que sur le *Cahier* manuscrit, et non dans l'édition du C.N.R.S. Ce texte, qu'on peut dater de la fin de 1921, est le troisième état du plus célèbre poème en prose de Valéry, *L'Ange*, qu'il retouchera juste avant de mourir et que sa famille publiera en 1945 (Œ.I.205 *sq.*; reproduit dans «Poésie/Gallimard» à la suite de *La Jeune Parque*). Le texte s'est ébauché dans un cahier de travail distinct de la série des *Cahiers* où Valéry l'a ensuite repris. Fait rarissime, on distingue ici l'écriture assez grosse du premier jet et la graphie plus mince des nombreux ajouts, signe d'un véritable travail poétique.

Page 152.

1. En 1891, Valéry a publié dans *La Conque* un sonnet, «Orphée», qui, profondément remanié, sera repris en 1926 dans la deuxième édition de l'*Album de vers anciens*. Mais le nom d'Orphée renvoie ici au projet de la tragédie-féerie qu'il avait ébauchée en 1919 et dont quelques feuillets seulement gardent trace. En 1921, le projet se réoriente, et c'est dans l'espace privé des *Cahiers* que reparaît Orphée qui, lié à Eurydice,

allégorise désormais la relation de Valéry et de Catherine Pozzi. Destiné à un projet théâtral qui n'a pas abouti, ce fragment n'est donc pas à proprement dire un poème en prose. Mais il aurait pu aussi bien le devenir d'autant plus aisément que la frontière entre l'œuvre projetée et la poétique méditation sur sa relation avec Catherine Pozzi s'efface de plus en plus. Valéry a classé ce texte dans le dossier « Sujets » qui rassemble diverses idées ou ébauches d'œuvres possibles.

Page 153.

1. Hérodiade : la figure féminine qui donne son nom à une œuvre à laquelle travailla longtemps Mallarmé, et dont il ne publia qu'une « Scène ». Plus loin *Ulalume* est un poème de Poe.

2. Bien que la mention « Rêve » désigne ordinairement dans les *Cahiers* des récits de rêve (non poétiques), il semble difficile de rapporter ce texte-ci à une telle écriture. Et peut-être s'agit-il plutôt d'une libre méditation à partir d'un commencement rêvé.

Page 154.

1. Sur ce réflexe de constriction, voir la note 2, p. 95.

2. « Il est difficile de descendre vers l'Averne » (lac de Campanie où les poètes plaçaient une entrée des enfers) ; Valéry modifie un passage de l'*Énéide* de Virgile (VI, 126) où la Sibylle de Cumes dit à Énée qu'il est facile de descendre à l'Averne, mais que « revenir sur ses pas et remonter à la lumière d'en haut, c'est là le pénible effort, la dure épreuve » (trad. A. Bellessort). Lors du classement réalisé en vue d'une possible publication des *Cahiers*, Valéry a rangé ce texte sous la rubrique « Éros ». Ici commence en effet une série exceptionnellement cohérente de huit poèmes consacrés à la crise affective que traverse Valéry.

Page 156.

1. Valéry a rangé ce psaume sous la rubrique « Éros ».

2. Le sigle PPA n'apparaît que sur le *Cahier* manuscrit, et non dans l'édition du C.N.R.S.

3. Sur ce désir valéryen de constriction, voir la note 2, p. 95. Par sa thématique, ce poème est très proche de la fin de la lettre R d'*Alphabet*.

Page 157.

1. Dans son classement des *Cahiers*, Valéry range sous le sigle θ ce qui a trait à la religion et la métaphysique.

2. Qui me soutiendra ? Qui m'entendra ?

Page 158.

1. La poignante tristesse de certaines aurores semble avoir été récurrente chez Valéry comme en témoigne la fin de la lettre C d'*Alphabet* : « Ma jeunesse jadis a langui et senti la montée des larmes, vers la même heure, et sous le même enchantement de la lune évanouissante » (Livre de Poche, p. 52). Voir ici même p. 181 (XII,352).

Page 159.

1. Valéry a rangé ce psaume sous la rubrique « Éros ».

2. B. : Béatrice, l'un des surnoms de Catherine Pozzi. Valéry a rangé cette page sous la rubrique « Éros ».

Page 161.

1. Voir la note précédente.

2. Le motif de la demeure de l'âme ou de l'esprit, qu'on retrouve plus loin (p. 237), appelle naturellement le souvenir des « châteaux de l'âme » de Thérèse d'Avila. Valéry a beau-

coup pratiqué les mystiques et préfacé en 1941 les *Cantiques spirituels* de saint Jean de la Croix (Œ.I.445-457). De ces lectures et de la complicité qu'elles attestent, bien qu'il s'agisse chez Valéry d'une mystique sans Dieu, on trouverait aisément des traces dans plusieurs poèmes de ce recueil.

Page 162.

1. L'incipit de la lettre A d'*Alphabet*, autre poème de l'éveil, est très proche de celui-ci : «Au commencement sera le sommeil. »

Page 164.

1. Légèrement remanié, ce poème figure, sous le titre « Il y a cinquante ans », dans la section « Poésie brute » de *Mélange* (Œ.I.355).

Page 165.

1. La même métaphore se retrouve dans un poème destiné à *Alphabet* et qui figure dans la section « Poésie perdue » des *Autres Rhumbs* de *Tel Quel* : « Esprit. Attente pure, Éternel suspens, menace de tout ce que je désire. Épée qui peut jaillir d'un nuage, combien je ressens *l'imminence*! » (Œ.II.662). Valéry a classé ce poème dans la rubrique « Ego » de ses *Cahiers*.

2. La même formule figure dans *Le Yalou*, petite fiction de 1895 qui met en scène un Européen et un lettré chinois (Œ.II.1020). C'est par erreur que, dans ce texte, la Pléiade porte un point d'interrogation après « pensai-je ».

Page 166.

1. Assez profondément remanié, ce poème figure, sous le titre « Cœur de la nuit », dans la section « Poésie perdue » des *Autres Rhumbs* de *Tel Quel* (Œ.II.656).

1. On songe à *La Jeune Parque* : « Salut ! Divinités par la rose et le sel/Et les premiers jouets de la jeune lumière,/ Îles… » (v. 348-350), mais aussi à la lettre C d'*Alphabet* : « Les volets repoussés à droite et à gauche par un acte vif de nageur, je pénètre dans l'extase de l'espace » (Livre de Poche, p. 51).

1. Le φ et le ψ : le physiologique et le psychologique, c'est-à-dire aussi le dehors et le dedans.
2. Valéry est à Saint-Malo.

1. Entendons : chez Bussy, à Roquebrune-Cap-Martin. Le peintre Simon Bussy était un ami de Gide, à qui sa femme Dorothy donna des leçons d'anglais avant de devenir sa traductrice. La *Correspondance* de Gide et de Dorothy Bussy a été publiée chez Gallimard (*Cahiers André Gide* 9 à 11, 1979-1982).
2. Bice : Béatrice, l'un des surnoms de Catherine Pozzi.

1. Sur le motif de l'ange, voir la note 1, p. 103. Le poème en prose dévie ici vers l'esquisse de ce qu'il pourrait devenir, et vers les conditions de son écriture même. Valéry a classé ce texte dans le dossier « Sujets » qui rassemble diverses idées ou ébauches d'œuvres possibles.
2. Bow-windows : fenêtres en arc de cercle.

1. *Je ne sais comment l'exprimer* : cette formule soulignée, qu'on retrouve plus loin, p. 179, définit au plus près la poé-

tique du poème en prose où il s'agit de trouver l'équivalence verbale de sensations que le langage ordinaire ne sait dire.

2. Créosote : « mélange huileux de phénols et de crésols obtenu par distillation des goudrons du bois (hêtre, bouleau) qu'il protège des parasites » (Robert).

Page 174.

1. Mots rayés.

Page 175.

1. Dans son classement des textes des *Cahiers*, Valéry range sous le sigle θ ce qui a trait à la religion et la métaphysique. Comme quelques autres, ce poème glisse visiblement d'une écriture poétique qui justifie le titre de PPA à une autre, plus analytique.

Page 176.

1. Voir la note précédente.

Page 177.

1. « Cache ton dieu » est un thème que l'on retrouve dans *Pour un portrait de Monsieur Teste* (ŒII.66).

Page 178.

1. En tête d'une dactylographie, Valéry a noté : « Montpellier ».

2. Propriété de la comtesse de Béhague, à l'extrémité de la presqu'île de Giens.

3. Ce petit fragment figure sur une page en haut de laquelle Valéry a porté le nom de la ville de Grasse : elle accueille deux très belles aquarelles qui montrent le paysage vu d'une fenêtre

ouverte. Complété, ce texte est reproduit dans *Mélange* où il constitue la première partie de « À Grasse » (Œ.I.291).

Page 179.

1. C'est-à-dire une infime partie de l'Univers.

Page 181.

1. Remanié, ce texte figure dans *Mélange* (Œ.I.291 *sq.*) où il constitue la deuxième partie de « À Grasse ».

2. Non remanié, mais typographiquement disposé de manière légèrement différente, ce poème figure dans la section « Poésie brute » de *Mélange* (Œ.I.353).

3. La duchesse Edmée de La Rochefoucauld, auteur de plusieurs livres sur Valéry qui fréquenta son salon.

4. Voir note 1, p. 158.

Page 183.

1. Légèrement remanié, ce texte, dont la quasi-totalité est barrée de deux traits verticaux dans le *Cahier*, a été repris sous le même titre dans *Mélange* (Œ.I.293 *sq.*).

Page 184.

1. Ces quelques lignes semblent bien être le point de départ d'un texte plus long qui figure sous le même titre dans *Tel Quel* (Œ.II.512 *sqq.*) et en reprend, au tout début, quelques bribes de phrases. À la page suivante du même *Cahier*, sous le titre « Le poème du pont de Londres », Valéry jette quelques notes qui nourriront le texte à venir.

Page 185.

1. À la suite d'un tremblement de terre qui détruisit par-

tiellement près de Thèbes, en 27 apr. J.-C., la statue d'Aménophis III (que les Grecs et les Romains nomment Memnon), le monument émettait un son musical aux premiers rayons du soleil. Légèrement remanié, ce texte se trouve dans les *Histoires brisées* (Œ.II.441).

2. Le sigle ðk désigne la duchesse de La Rochefoucauld. Plutôt que d'un vrai rêve, il semble qu'il s'agisse ici d'une manière de rêve éveillé ou d'une réécriture, et, dans le classement de Valéry, le texte figure sous la rubrique « Éros ». De tonalité mi-analytique mi-poétique, érotisée, il est exceptionnel dans les *Cahiers*.

Page 186.

1. Depuis plusieurs années déjà, Valéry songe à ce qui deviendra *« Mon Faust »*, œuvre rapidement écrite en 1940 et qui ne correspond que de très loin à l'ambition première qu'il s'était donnée. La référence à ce projet s'explique ici par le thème du retour puisque l'écrivain, s'il avait véritablement réalisé cette ambition, aurait montré « Faust en victime du Retour éternel ; châtié d'avoir voulu recommencer » (C.XXIII.894).

Page 187.

1. C'est en 1928 que Valéry et Catherine Pozzi se séparent définitivement.

Page 188.

1. Voir note 1, p. 158.

Page 189.

1. Augmenté d'une phrase, ce petit texte figure, sous le titre de « Final », dans la section « Poésie brute » de *Mélange* (Œ.I.354 *sq.*).

Page 191.

1. Augmenté, ce poème figure dans *Mélange* (ŒI.295), sous le titre d'«Automne».

2. Il semble bien que Valéry confonde ici le Titan Kronos, fils du Ciel (Ouranos) et de la Terre (Gaia), et le Temps personnifié (Chronos).

Page 193.

1. Ce poème figure dans *Mélange* (ŒI.293).

2. Ce poème figure dans *Mélange* (ŒI.290).

3. Quel est le poids d'un homme seul?

4. Le sigle «Mnss» désigne à l'origine le *Manuscrit trouvé dans une cervelle*, premier titre de ce qui deviendra le conte inachevé d'*Agathe*, puis renvoie plus largement à ce qui concerne l'analyse de l'esprit. Sur la constriction convoitée dans ce poème, voir la note 2, p. 95.

Page 194.

1. Au milieu de la nuit.

2. Karin (Catherine Pozzi). Légèrement remanié, ce poème a été publié sous le titre «À la vie» dans la section «Poésie brute» de *Mélange* (ŒI.354).

Page 195.

1. «Un soir fait de rose et de bleu mystique» («La mort des amants» dans *Les Fleurs du Mal*).

Page 196.

1. Il suffit, cela suffit. Le titre de «poème» désigne parfois dans les *Cahiers* des sujets de poèmes plutôt qu'il n'intitule des textes vraiment poétiques. Je reproduis ici cette page parce

que, tout en désignant un poème à faire, elle en propose d'une certaine manière l'esquisse.

2. Après avoir publié dans le *Mercure de France* de juin 1927 une étude sur son œuvre, Émilie Noulet, universitaire et critique belge, reçut de Valéry une lettre qui fut le point de départ d'une correspondance et de relations plus intimes.

Page 197.

1. Peu de mots suffisent pour celui qui comprend. La formule vient de Stendhal, et plus exactement de l'abbé Pirard dans *Le Rouge et le Noir* (ch. XXV).

2. Sous le titre d'« Intérieur », ce poème est repris dans *Mélange* (ŒI.308).

Page 198.

1. Légèrement remanié, ce texte a été repris dans *Mélange* sous le titre de « Rêve » (ŒI.309).

Page 199.

1. Sur ce thème, voir plus haut la p. 188 (XII, 838).

Page 200.

1. Valéry a classé ce poème dans le dossier « Éros ».

2. Voir note 2, p. 178.

3. Ici encore, c'est toute la question du poème en prose que de trouver une équivalence verbale au réel sensible. Voir à ce sujet les p. 172 et 179.

Page 202.

1. Valéry a classé cette courte élégie dans le dossier « Éros ». Le mot *plaie* est barré dans le *Cahier*.

2. Ce texte est repris sous le même titre dans la section « Poésie brute » de *Mélange* (Œ.I.354).

Page 203.

1. Negresco : hôtel de Nice.

Page 204.

1. Le Seigneur a dit à mon Seigneur (titre qu'on retrouve en tête d'un texte différent dans *Mauvaises pensées* : Œ.II.793 ; cf. Psaume 110, 1). La référence à *Alphabet*, auquel Valéry travailla de loin en loin jusqu'à la guerre (voir mon édition dans le Livre de Poche), donne à penser qu'il songeait à y évoquer ce thème du dédoublement intérieur.

Page 205.

1. Cf. ci-dessus : « La musique, seul de tous les arts, peut se mêler de jouter avec ceci » (p. 195).
2. « J'ai essayé de saisir le mystère de l'aube, comme celui de l'éveil », note Valéry un peu plus loin (XVI,283), et tel est bien le sujet de cette page, mi-analytique, mi-poétique.
3. Ce petit texte figure dans *Mauvaises pensées et autres* (Œ.II.859).
4. Voir ci-dessus la note 2, p. 204.

Page 206.

1. Légèrement remanié, ce court fragment constitue le premier paragraphe de « Marine », dans *Mélange* (Œ.I.313).

Page 207.

1. Légèrement remanié et différemment disposé dans l'es-

pace de la page, ce petit poème figure dans la section « Poésie brute » de *Mélange* (Œ.I.353).

2. Le fils cadet de Valéry.

Page 208.

1. Ce texte, qui se poursuit dans les *Cahiers* par des réflexions plus abstraites, est particulièrement emblématique d'une écriture spontanément poétique et qui vise à traduire une immédiate sensation, mais emblématique également du glissement qui s'opère parfois de cette écriture poétique à une autre, plus analytique.

2. Complété d'un second paragraphe, ce petit texte est repris dans *Mauvaises pensées* (Œ.II.805 *sq.*).

3. Ce petit poème figure dans la section « Poésie brute » de *Mélange* (Œ.I.352 *sq.*).

Page 209.

1. Augmenté, ce petit texte figure dans *Mélange* sous le titre « Mer » (Œ.I.289).

2. Ce petit texte est emblématique d'un certain mode d'écriture où l'analyse de l'émotion amoureuse semble spontanément se poétiser, au plus près de cette émotion même.

Page 210.

1. Depuis la fascination exercée sur le jeune Valéry par la « nuque nue et à peine apparue » à la messe, au moment de l'Élévation, de Mme de Rovira dont il était follement épris, le motif érotique de la nuque fait retour de loin en loin dans l'œuvre. Ainsi dans l'« Ébauche d'un serpent » de *Charmes* : « Je dominais furtivement,/ L'œil dans l'or ardent de ta laine,/ Ta nuque énigmatique et pleine/ Des secrets de ton mouvement. »

2. Remanié, ce poème que Valéry a classé dans le dossier « Éros » est repris sous le titre de « Psaume Y » dans *Mélange* (Œ.I.318).

Page 211.

1. À peine remanié, mais imprimé en italiques, ce poème est repris dans *Mélange* (Œ.I.292 *sq.*) où il constitue la troisième partie de « À Grasse » (voir note 3, p. 178 et note 1, p. 181).

Page 212.

1. Ces quelques vers sont devenus un sonnet, « L'oiseau cruel », qui figure dans les *Pièces diverses* des *Œuvres* (Œ.I.158).
2. Remanié, ce texte figure, sous le titre d'« Observation poétique », dans « Propos me concernant » (1944 ; Œ.II.1524 *sq.*).

Page 213.

1. Ce petit fragment figure dans *Mélange* (Œ.I.290).

Page 214.

1. Remanié et augmenté, ce texte figure dans *Mélange* (Œ.I.337 *sq.*), sous le titre « Oiseaux ».

Page 215.

1. Il s'agit ici de la seule occurrence, dans les *Cahiers*, de ce terme (assez impropre ici) qui désigne en japonais un tercet de 5-7-5 syllabes avec quelques contraintes thématiques. Le mot semble avoir été supplanté en France aujourd'hui par celui de haïku, mais les deux ne sont pas tout à fait synonymes : un haïkaï est composé en même temps que beaucoup d'autres lors d'une séance poétique collective où un thème de base est fixé, tandis qu'un haïku est écrit isolément et individuellement. Le terme de haïku n'apparaît d'ailleurs au Japon qu'à partir de l'époque Meiji (1868) quand la société s'individualise.

Page 216.

1. Assez fréquent dans les *Cahiers* des dernières années, le sigle «Alph. Eọ» renvoie aux textes ou notes que Valéry consigne dans la rubrique «Éros» d'*Alphabet*. Par sa tonalité comme par son écriture, ce texte, qui figure dans *Mélange* (Œ.I.334), est proche de certains poèmes du recueil (Livre de Poche classique, p. 109 et 131-134).

Page 217.

1. Un conte abstrait. Loin d'être un conte, ce texte transpose en fait la Crise de Gênes de 1892, moment essentiel de la formation de Valéry qui décida, par un coup d'État intérieur, de se protéger et devenir vraiment soi-même en décrétant l'amour (ici Éros) chose mentale et en décidant de se rendre le plus lucidement possible maître de son Esprit (ici exprimé par le grec Nous). Les deux premières parties de ce texte (jusqu'à «tu n'en vois point») figurent, sous le même double titre et à peine remaniées, dans le dossier des *Histoires brisées* publié après la mort de Valéry, en 1950 (Œ.II.466 *sq.*), dossier qu'on trouve dans «Poésie/Gallimard» à la suite de *La Jeune Parque*. Je publie la totalité du texte pour montrer le glissement qui s'opère à nouveau ici d'une écriture poétique à une autre plus analytique. Quoique abstraites, ces pages ont, dans la version publiée, l'unité d'un véritable poème en prose et elles entrent en consonance avec quelques-uns des plus beaux poèmes à tonalité autobiographique que proposent les *Cahiers*.

2. Par-derrière.

Page 219.

1. On retrouverait sans peine ailleurs dans l'œuvre des formules comparables à celles-ci qui définissent au plus près la personnalité intellectuelle de Valéry, et le dédoublement qui la travaille. On lit par exemple dans un poème d'*Alphabet* : «Mon

esprit pense à mon esprit et mes yeux considèrent ma main »
(Livre de Poche classique, p. 59). Ce petit texte, augmenté
d'une phrase, figure sous le titre de « Petit psaume du matin »
dans *Mauvaises pensées et autres* (Œ.II.809).

2. Voir note 2, p. 178.

Page 220.

1. L'impression d'étrangeté, de séparation, voire de contin-
gence face au monde extérieur est en effet constante chez
Valéry. On se reportera ici encore aux poèmes d'*Alphabet*.

Page 221.

1. Légèrement remanié et allongé d'une strophe, ce texte
figure dans *Pièces diverses* sous le titre « Chanson à part »
(Œ.I.162 *sq.*).

Page 222.

1. Dans le classement des *Cahiers*, la rubrique « Thêta » rassemble les textes qui ont pour sujet la religion et la métaphysique. Chez Valéry, le nom désigne souvent l'être social
plutôt que l'être vrai, et lui-même ne se reconnaissait pas dans
son nom. La linguistique valéryenne, d'autre part, est tout
entière fondée sur l'approche nominaliste selon laquelle le
nom ne désigne pas adéquatement la chose.

Page 223.

1. Le sigle Mnss désigne à l'origine le *Manuscrit trouvé dans
une cervelle*, premier titre de ce qui deviendra le conte inachevé
d'*Agathe*, puis renvoie plus largement à ce qui concerne l'analyse de l'esprit.

1. Valéry a noté en marge : «Cf. Alph[abet]» qui évoque en effet dans plusieurs de ses lettres la relation du Sujet et du monde extérieur.

1. L'insensé a dit en son cœur : Il n'y a pas de Dieu (Psaume 14, 1).

2. Le système désigne les recherches que mena longuement Valéry, surtout jusque vers 1900, pour trouver, à partir de modèles scientifiques, la représentation du fonctionnement de l'esprit. Valéry a noté en marge «Alph[abet]», et ce petit texte est en effet en consonance avec les poèmes amoureux du recueil. Le nom d'*Albe* semble avoir été simplement choisi pour son étymologie de pureté (*alba* : blanche).

1. Ce texte (où les lignes de points sont de Valéry) doit être sans doute rapproché d'une note à peine antérieure (XXIII, 137) où il envisage un sujet de psaume : «Psaume (Peut-être)/ Tout le visible est fait d'invisible/(et de quoi serait-il fait?)/ Tout ce qui dure est fait d'instables/Et donc le visible et le durable/sont des valeurs de ce qui n'en a pas.»

2. Valéry y est en convalescence après une bronchite.

1. Sous le titre «Un regard charitable», ce texte figure dans la section «Instants» de *Mélange* (Œ.I.383).

1. Ce long poème a été en effet classé dans le dossier «Éros».

Page 235.

1. Le motif de la fenêtre est essentiel chez Valéry. Quant à la relation d'étrangeté face au monde, si fréquente chez Valéry, on songe ici tout particulièrement à la seconde lettre J d'*Alphabet* (Livre de Poche, p. 73 *sq.*).

Page 236.

1. Dans le langage privé de Valéry, l'implexe signifie la variation spontanée.

2. Il s'agit bien sûr de l'incipit de *La Jeune Parque*. En marge de ce petit texte, Valéry a noté : « Divers » et en dessous « Faust ? ».

3. Ces premières phrases ont été portées en marge par Valéry, probablement après qu'il eut écrit la totalité de ce long texte dont elles nous indiquent la structure : d'abord une méditation sous forme de poème en prose, puis une seconde partie analytique. Après coup sans doute également, Valéry a noté en tête et en marge : « θ θ ou Mémoires de moi », et de fait ce texte fut classé dans le dossier « Thêta ». Plutôt que d'isoler le poème en prose, je donne ici l'intégralité de ces pages qui montrent une fois encore comment se mêlent les diverses écritures des *Cahiers*.

Page 237.

1. *Hérodiade* et *L'Après-midi d'un faune* sont bien sûr des œuvres de Mallarmé. Le « Tombeau de Gautier » est une expression ambiguë : elle peut désigner, de manière approximative, « Toast funèbre », écrit par Mallarmé à la mort de Gautier, ou *Le Tombeau de Théophile Gautier*, titre du recueil publié en 1873 à l'initiative de Catulle Mendès et qui, outre celui de Mallarmé, contenait un poème de Hugo : « À Théophile Gautier ». L'assimilation des grandes œuvres à des étoiles était déjà présente p. 153 (VIII,441).

2. Valéry note dans un *Cahier* de 1927 : « Notre vie n'est pas tant l'ensemble des choses qui nous advinrent ou que nous fîmes (qui serait une vie étrangère, énumérable, descriptible, finie) — que celui des choses qui nous ont échappé ou qui nous ont déçus » (C.XII.117).

Page 240.

1. L'un des leitmotive des poèmes de l'éveil. Voir par exemple p. 167.

Page 241.

1. Valéry a noté en marge : « Mnss ? » Pour le sens de ce sigle, voir la note 1, p. 223.

Page 242.

1. Définition du Je dans la linguistique valéryenne.
2. Dans le classement de ses notes des *Cahiers*, Valéry place sous cette rubrique les analyses qui le concernent en tant qu'être, non en tant qu'écrivain (il s'agit dans ce cas de la rubrique « Ego scriptor »). Un peu plus bas, on trouve en marge « Mnss » : voir ci-dessus la note 1, p. 223. Bien que Valéry ne l'ait pas retenu dans son classement des « Poèmes et PPA », ce texte dit assez clairement comment l'analyse de l'esprit prend une expression pour une part poétique, en même temps qu'elle se teinte de ce désenchantement et de cette lassitude propres aux derniers *Cahiers*.

Page 244.

1. Valéry a classé ce poème dans le dossier « Thêta ».

DU MÊME AUTEUR

Dans la même collection

POÉSIES : *Album de vers anciens, Charmes, Amphion, Sémiramis, Cantate du Narcisse, Pièces diverses de toute époque.*

EUPALINOS, L'ÂME ET LA DANSE, DIALOGUE DE L'ARBRE.

LA JEUNE PARQUE et poèmes en prose : *L'Ange, Agathe, Histoires brisées.* Édition présentée et établie par Jean Levaillant.

EGO SCRIPTOR et PETITS POÈMES ABSTRAITS. Présentation et choix de Judith Robinson-Valéry.

Ce volume,
le trois cent cinquante et unième
de la collection Poésie,
a été composé par Interligne et
achevé d'imprimer sur les presses
de l'imprimerie Bussière à Saint-Amand (Cher),
le 10 octobre 2000.
Dépôt légal : octobre 2000.
Numéro d'imprimeur : 2341.
ISBN 2-07-040757-8./Imprimé en France.

89200